妻帯仏教の民族誌

ジェンダー宗教学からのアプローチ

川橋範子

人文書院

もくじ

妻帯仏教の民族誌

ジェンダー宗教学からのアプローチ

わたしの家族，とりわけ MSK と MET に

序章　なぜ、仏教とジェンダーなのか

本書は、現代の日本仏教がかかえるジェンダー不公正・不平等の問題をジェンダー宗教学の文脈で考察し、その修正をめざす仏教教団の女性たちによる改革運動の多様な実践を描く、ひとつのフェミニスト民族誌《エスノグラフィー》である。欧米の宗教研究では、ジェンダーあるいはフェミニズム理論の視点から仏教を批判的に検証して再構築を試みる研究が多く発表されているが、日本での動きは鈍く、ジェンダーの視座からの現代日本仏教の改革運動に関するまとまった研究はきわめて少ない。日本の仏教研究と仏教界の両方において、ジェンダーあるいはフェミニズムの問題は、依然積み残された課題といえる。

本書では女性たちの仏教改革運動を三本の柱（主題）に沿って読みこもうとするが、三本の柱のうちの二本は、宗教とフェミニズムである。筆者は、二〇〇四年に黒木雅子との共著で出版した『混在するめぐみ――ポストコロニアル時代の宗教とフェミニズム』（叢書・文化研究4）の冒頭で、宗教とフェミニズムの関係について次のように述べた。

宗教は「一方では女性を排除し、他方ではとりこもうとする」といわれるように、さまざまな宗教が女性に対して二面性を示すという事実はよく知られている。特に前者を強調すれば宗教とフェミニズムは互いを否定しあう関係になり、この二つをつなげる試みは oxymoron（矛盾形容・撞着語法）にほかならないとされてしまう。男性による女性支配の道具である宗教は、本質的にフェミニズムとは共存不可能だと見なされるからである。しかし本書で論じられるように、フェミニズムは宗教を批判するのみではなく、宗教を再生させることも可能にする。さらに宗教がフェミニズムに向かって新たなチャレンジをなげかけることもある。もしそうであるならば、宗教とフェミニズムが交差する場は複雑に入り組んでいて、そこにおける女性の経験を語るためには複合的な視座が必要とされることがわかるであろう。（川橋、黒木　二〇〇四：七―八）

宗教とフェミニズムの相互交換作用（cross-fertilization）は難しい、と今日でもしばしばいわれる。「フェミニズムは、宗教とはあまり交差していないという印象を持っている人も多いだろう」と竹村和子が述べるように（竹村　二〇一〇：一二）、宗教とジェンダーあるいはフェミニズムという問題系は、フェミニズム・ジェンダー研究と宗教学の両方で等閑視され、学問的言説の周縁におかれつづけてきた（嶺崎　二〇〇九：飯国　二〇〇九）。宗教は女性にとって解放にも縛りにもなる。この状況下で、女性が主体的に宗教的であることはどのような意味をもち、いかに実践されるのか。この問いに答えるために、フェミニスト民族誌の視点から、超宗派の女性たちによる仏教改革運動のネットワーク活動を記述していきたい。

本書の三本目の柱は、「ネイティヴ」の立場からの語りである。ネイティヴの立場とは、筆者が研究者と当事者（もちろんこの当事者の境界線は流動的であるが）のはざまにいることを意味する。これは、僧侶の配偶者として寺に住み仏教教団に身をおきながら、研究者として女性たちによる仏教改革運動のフェミニスト民族誌を書くということである。近年、男性主導の仏教と社会運動についての記述は多いが、女性たちのミクロな日常の経験や活動は未知の領域である。筆者は一八年以上にわたり、僧侶の配偶者と宗教学の研究者を兼ねる内部と外部の二重の視点をもつ「ネイティヴ研究者」として、このテーマにかかわってきた。筆者に限ったことではないのだが、このような二重の立ち位置にある者は、現代仏教に関するさまざまな言説に関して、研究者としては納得せざるをえない場合でも、現場に身をおく当事者として強い違和感を覚えたりするのである。

筆者がかかわる運動は、女性たちの経験の中から従来の男性中心主義的な仏教史や教義を読み替え新しい仏教のヴィジョンを提示しようとする営みである。このような運動の背景には、日本の既成仏教教団が、女性僧侶や僧侶の配偶者や女性信者など、女性たちを教義と制度の両方において周縁に位置づけてきた現実がある。仏教教団では多くの場合、女性たちの位置づけは性別分業に拘束され、女性仏教者としての主体的な自己理解が反映されているとはいえず、教団の性差別問題を論じる場にもほとんど参入できなかった。本書では、男性中心主義の下で不可視であった彼女たちの語りの綿密な記述によって、主流の男性中心主義の語りを脱中心化していくことをめざしている。本書をひとりの当事者としての「ネイティヴ宗教学者」が記すフェミニスト民族誌と受けとめてもらいたい。

さらに、ネイティヴという言葉は、筆者がいわゆるネイティヴ・アンソロポロジストと同様に、

「調査する者・書く者」であり、また西洋によって「調査される者・書かれる者」でもあることをも意味している。ネイティヴ人類学者（あるいは宗教学者）とは、主に西洋で学問的トレーニングを受けた、自己の文化を研究する非西洋出身の研究者をさす。桑山敬己は、英語圏の日本研究において、日本人研究者は「物言わぬネイティヴ」として一方的に研究対象の位置に留め置かれると主張し、この状況を厳しく批判している（桑山　二〇〇八）。

筆者も、専門的な教育はすべてアメリカで受けた、ネイティヴ宗教学者である。この意味で、ネイティヴの女性研究者としての筆者は、「書く者」と「書かれる者」（そして書かれたものを読む者）のはざまにある。ゆえに、西洋社会によって異質な他者として描かれる日本女性である自己を、絶えず問題化せざるをえない状況にある。「西洋フェミニズムのまなざしにさらされ記述されていく日本人女性の私」の問題を、本書では理論的に展開させていきたい。太田好信は、彼自身が体験した「差別や偏見の経験について考える学問として」、はじめて人類学と出合ったことを述べている（太田　二〇一〇：二七四）。筆者の場合は、自己がおかれたやや特殊な立ち位置から見えてきた問題を言語化し他者と共有していく営みとして、ネイティヴ・フェミニストの視座からの宗教研究と出合った、と言えるかもしれない。[1]

さて、現代の仏教界の沈滞と硬直ぶりは、マスメディアを中心に広く批判されている。その根底には、仏教教団あるいは僧侶の多くが「聖職者」と「俗人」という二面的なあり方を功利的に使い分けていることに対する批判があるのではないか。曹洞宗僧侶でもある仏教学者の奈良康明は、仏教教団に対するさまざまな批判について、「そのすべてが正しく意味のある批判とは言えない」と断ったうえで、今日の教団には「反省し、改め、新しい姿勢をうちだすべき問題が多々あることも事実である」と述べている。（奈良　二〇一一：一六）。この喫緊の課題として、奈良は出家者であるべき僧侶の婚姻の問題をあげ、妻帯を事実として認めたうえでの新しい僧侶像の必要性を示唆している[2]。

また、同様に曹洞宗僧侶である仏教学者の木村清孝は、従来の仏教学者と仏教僧侶との関係が疎遠なものであった点に触れ、「仏教界の現状や僧侶の悩みが仏教研究の場で真剣に取り上げられること」はまれであった、と述べている（木村　二〇〇七：三）。僧侶の婚姻や寺院の現場で起こる悩みの問題は、教団構成員の半数を占める女性たちの存在抜きには語りえない。本書ではこのような問いに、女性たちが寺院という空間に生きる中で培った当事者としての経験の中から応答していきたい。

日本仏教の歴史の中で仏教が歪められて伝えられ、誤読されたかたちで受容されていったありようは過去のものではなく、現在にも引き継がれている。この過程を明らかにし、（まだ間に合ううちに）軌道修正を行うために、ジェンダー宗教学の視点が必要なのである。筆者と田中雅一は、共編した『ジェンダーで学ぶ宗教学』の中で、社会の周辺に位置する女性たちの声に耳を傾け既存の男性中心主義的な価値観を疑いの眼で見る、ジェンダー宗教学の重要性を強調した（田中、川橋　二〇〇七：四）。次章で述べるように、ジェンダーは、性差別的な権力構造の是正を求めるフェミニズムと不可分であり、価値中立的な概念ではない。ジェンダーとは、「性別にかかわる差別とそれを支持する権力構造を明示し社会変革の梃子になる力を生みだす批判的概念」なのである。（田中、川橋　二〇〇七：一二）

このジェンダーの視座がもつ批判的な力ゆえに、男性たちは、宗教に対するフェミニズムやジェンダーの視点からの挑戦を恐れ嫌うのではないか。ウルスラ・キングが述べるように、それは単なるパラダイムの修正を超えて、「信仰の根底を揺さぶる、実存的・倫理的・知的な問いかけを投げかける」からである（King 2002: 14）。この意味でジェンダーの視点は、教団に見られる階級主義などもふくめた、男性中心主義的な権威構造に対する幅広い変革を要求する。

だが、このような作業をさらに困難にする要因として、冒頭の引用でも述べた、宗教とフェミニズムは本質的に二律背反で相容れない、という偏見がある。例えば、筆者のような立場は一種の二重拘束にある。宗教界の女性による改革運動について、宗教に無関心なフェミニストたちは、宗教的な女性は最終的には家父長制にからめとられていて結局はそこから脱却できないと見て、連帯の可能性を否定するであろう。その一方で、宗教界保守層の男性僧侶や女性たちは、ジェンダー平等を求める女性たちの運動は信心の欠如にほかならないと疑いの眼を向け、これを切り捨て否定しようとするであろう。ゆえに、信仰とフェミニズムは共存可能であるという主張は、両方の立場からの批判的視線を受けることになる。

しかし、フェミニズムやジェンダーの批判的視座は、宗教の真実のメッセージである平等と解放を豊かによみがえらせることができるはずであり、また宗教も同じようにフェミニズムに対して洞察とめぐみを与えられるのではないか。両者は決してお互いを否定しあうだけではない。一例として、フェミニスト神学者の絹川久子は、聖書にもとづく信仰がフェミニズムを否定したり反対したりするのではなく、かえって真のフェミニズムの根拠になることを知った気づきについて述べている（絹川一九八七：二二七）。

さらに、現時点ではフェミニズムやジェンダーの視点とかかわりのない女性も、仏教教団内のジェンダーによる階層化や自己をとりまく疎外感に何かのきっかけで気づくことがある。山根純佳は、長年の家庭内ケア労働で疲弊した女性が性別分業に批判的な視点を手に入れることで、過去の自分の経験を再解釈しその不当性や不公正に批判の声をあげられるようになると述べている。被抑圧者は自らの不満や苛立ちを言語化する資源や権限を手に入れたとき、「既存の性支配を変える力」を獲得するのである（山根　二〇一〇：三一―三二）。宗教の領域でも、外部の言説に影響を受けた女性たちは、制度や教義の抑圧性に自覚的になり、伝統を作り直す可能性に眼を開かれるようになる。

教団の中で批判的視点をもつ女性たちのネットワークは、教団をとりまく現状への問題提起をすることにより、新しい信仰共同体としての価値規範を生みだす。本書でも、筆者がかかわる運動の中の女性たちが、どのような経由で仏教改革運動に引きこまれ、他の女性たちとの出会いを通じていかに変容したか、性差別的な構造への異議申し立てによって何を変革し何を成し遂げようとしているのかを辿っていく。補助的な教化者とされてきた「尼僧」や男性僧侶の配偶者である女性たちは、外部の多様な言説資源にもアクセスしながら現代仏教のジェンダー平等運動の主体的担い手となっている。伝統仏教教団に挑戦する女性たちが、教団を去るかあるいはその中で沈黙して生きるかの二者択一的な道を選ばずに、既存の価値基準をもてる資源として部分的に活用して不都合な状況と交渉しつつも、けっして抵抗をあきらめず、批判者改革者として宗教教団内にとどまるメカニズムを解明していきたい。

速水洋子は、北タイ山地の女性に関する優れた民族誌の中で、彼女がタイの女性たちの語りを取捨選択してテクスト化する行為の企図は、彼女たちを囲む権力作用とそこに生じるエイジェンシーを描きだし、さらにはその語りが特定の時間と空間の特性から生じていることを明らかにすることである、と述べている（速水　二〇〇九：二七六―七）。ネイティヴのフェミニスト・エスノグラファーとして、筆者も同様の課題と向き合っている。

二〇〇四年の共著の最後で筆者は次のように述べた。

女性が宗教に何を求め何を想像するのかは、歴史的に限定されたフレームの中で起きることである。この意味で筆者たちが宗教という場での女性たちの声を聞き、宗教の語りを再創造しようとする試みも、この時代のさまざまな場所で宗教に向かう女性たちの希望やヴィジョンと連動しているのである。（川橋、黒木　二〇〇四：一五六）

八年の時間を経て、もう一度、この特定の空間と時間のフレーム中にある女性たちの語りに耳を傾けそれと共振しながら私自身の語りを書いてみたい。

本書は、第Ⅰ部が解釈学・方法論的な考察、第Ⅱ部が民族誌の記述で構成されている。第Ⅰ部では、ジェンダー宗教学の理論的背景と現状から議論を始め、次に、描かれる日本人女性像を例に、民族誌的フェミニズムとネイティヴ研究者の問題を考察する。第Ⅱ部では、仏教教団の女性たちの運動を概観し、特に二〇〇四年以降、何が変わり何が変わっていないのかについて、曹洞宗と浄土真宗の流れを中心に記述していく。

I

第一章　宗教とジェンダーの交差するところ

現代の女性が仏教から救いを得られるとすれば、それはどのような仏教であるのか。この章では、宗教とジェンダーが交差する地点を理論的文脈の中で概観し、現代の日本仏教がかかえる問題を修正するいくつかの方向性を示していきたい。理論と運動の関係性についてフェミニスト神学者カン・ナムスンは「すぐれた理論はすぐれた運動である」と述べ、人々の具体的な生活体験と歴史経験を反映する理論はその現実を改革する運動の認識論的枠組みを提供し、運動を拡散する手助けをすると論じている（カン　二〇〇六）。この主張をふまえて、本書後半の女性たちの改革運動の民族誌を読み解くための理論的枠組みを示していく。

欧米の宗教研究では、ジェンダーの視点から、仏教のさまざまな様相を分析解釈したり、仏教を批判的に検証して再構築を試みたり、あるいは仏教の思想をジェンダーあるいはフェミニズム理論の発展に応用したりする研究が次々と発表されている（川橋　一九九五；Cabezon 1992；Gross 1993；Shaw 1994；Klein 1995；Dresser 1996；Findly 2000；Cheng 2007）。それに対して、日本での動きは鈍いといってよい。社会学者の上野千鶴子による、「ジェンダーだけで対象を分析することはできないが、同時にジェンダー抜きで分析することもできない」（上野 二〇〇二）という主張は、現在では人類学や文学や歴史学など、多くの人文系分野で受け入れられていると思われる。しかし、日本の仏教学や宗教学において、ジェンダーの問題は依然積み残されたままである。下田正弘は生活仏教の研究について、「仏教を過去のテキストの中に閉じ込めた上で」さらに「その時代の生活世界から切り離す」、従来ありがちな「二重の操作」を批判しているが（下田 二〇〇二：一二）、この指摘は仏教とジェンダー研究に関しても示唆的である。下田が批判する、仏教は人間がかかえる世俗性を離れてはありえず、観察する研究者自身が実は同様の生活経験に埋めこまれていることが見落とされてきた、という傾向は、ジェンダーの問題が重視されてこなかった理由のひとつといってよい。[1] しかしながら、宗教研究において、ジェンダーの視座が忌避されてきた理由は他にも複数存在することを、以下明らかにしていきたい。本来すべての人間の平等と解放を説く教えである仏教が、性差別する宗教の代表とされるまでに姿形を変えてしまったのはなぜなのか。[2] ジェンダーの視点は、この問いに答え、より良い方向性を示唆する糸口を与える。それはジェンダーが、単なる社会・文化的な性差を意味する概念ではなく、社会の中の不公平や不均衡を顕在化し、権力関係を指し示す視角であるからだ。

ジェンダーの視点と宗教研究

ヨーロッパを代表する宗教とジェンダー研究者であるウルスラ・キングは、ジェンダーの視点を鋭く応用することなしには、どのような宗教ももはや正しく記述、分析、説明されえない、と述べている（King 2004 : 8）。筆者は文化人類学者の田中雅一とともに、二〇〇七年に『ジェンダーで学ぶ宗教学』を編集・刊行し、宗教研究とジェンダー研究を接合させる重要性を強調した。ジェンダー宗教学とは何をめざすのか、以下説明していきたい。なお、ジェンダー宗教学という命名は、英語圏で知られる Feminist Studies in Religions に呼応するものである。[3] テクストの序章で田中と川橋は、ジェンダーの視座をもつ宗教研究は、宗教における女性の周縁化と不可視化に批判の目を開かせ、男性中心主義が生みだした解釈や価値観を疑う批判的な視点をもつと述べた（川橋、田中 二〇〇七：四）。社会、文化、歴史的に形成された性別に関する知識や規範を指し示すジェンダーは価値中立的な概念ではなく、性別にかかわる差別と権力構造を明示し社会変革の梃子になる力を生みだす批判的概念であり、この意味で女性に対する抑圧と差別の是正を求めるフェミニズムと切り離すことはできない。宗教は、信念、儀礼、象徴などをとおして「ジェンダー」を形作り、人間を超えた存在の名の下にそれを正当化し、規範として正統化していく。宗教は、男女の違いを階層化し、ときには女性への不当な価値観や抑圧的な社会構造の形成に加担してきたのである。宗教伝統の中で、女性のセクシュアリティは男性の聖性を脅かすものとして忌み嫌われ、劣った存在とみなされた女性は、儀礼構造の中でも参画の可能性を狭められてきた。仏教教団の事例が示すように、儀礼や組織の中での女性の地位や役割は、個人の宗教的資質とは無関係に規定されてきたのである。

しかしキングは、「ジェンダーの視点」が「女性の視点」と同義ではないことも強調する（King 2005 : 3296）。ジェンダーは、単なる「女性中心の視点」よりも包括的なものである。男性中心主義の価値規範は、それから逸脱した男性たちをも抑圧し、排除してきた。ジェンダーの視点は、このように宗教の中の異性愛至上主義が性的マイノリティを排除し差別してきたことにも批判をなげかける（川橋、田中　二〇〇七：四）。さらにジェンダーの視点は、特定の人種や階級に属する固定化された女性のカテゴリーを想定するものではない。いうまでもなく、植民地の支配者階級の女性と、支配される側の有色の女性が受ける差別や搾取の経験は同一ではない。ジェンダーは、人種や民族、階級、性的指向など、アイデンティティの多様性を包括できるような概念へと拡大されてきた。ジェンダーとは、単一的な「女性の視点」をこえて、さまざまな差別と抑圧の経験の中の差異に敏感な視点を意味しているのである。

宗教と男性中心主義

一般に、宗教の男性中心主義（androcentrism）は、「男性」が人間の規範とされていることに現れる。たとえば司祭や僧侶など教えを説く公的な指導者の役割は、男性が独占することが多い。顕著な例として、ローマ・カトリック教会における女性司祭不在の問題があげられる。[4] 女性は「不完全な人間」であり「神の似姿」として作られてはいないため司祭職につくことができない、とトマス・アクィナスやボナベントゥラなどの聖職者たちは考えていた（ワインガーズ　二〇〇五：一〇三、一五五）。教義の面では、女性が男性に従属すべき身分であることと、誘惑に負けて罪を犯した存在であることを聖パウロが強調した聖書の記述がよく知られている。[5] さらにアームストロングは、キリスト教の女性忌避に関する研究の中で、「女性は永遠に男性を堕罪に誘うエバである」とする西洋的価値観とキリスト教の女性排除を批判している（アームストロング　一九九六：五七）。岡野治子は、フェミニスト宗教学者としての立場から、男性中心主義の象徴体系が強い精神性を男性と結びつけ、弱い精神性を女性と結びつけてきたことを指摘している。このような二分法的思考の中で、女性は無価値で非合理で従属的な、二流の存在と規定されるようになった。この思考法がキリスト教や仏教などの多くの宗教の人間観に影響を与えてきたと論じている（岡野　二〇〇三：二三八―二三九）。またクロッペンボルグらは、さまざまな宗教伝統の中で女性が、感情的でその身体性ゆえに現世にとらわれ邪悪な力と結びついた誘惑者としてステレオタイプ化されてしまっていると述べている（Kloppenborg and Hanegraaff 1995）。キリスト教の救い主が生涯独身を通したとされる「男性」であるように、仏教の教えを説いたのは、妻と子を捨てて出家した「男性」である。この事象は宗教の男性中心主義を正当化する根拠に使われることもある。男性中心主義的な宗教体系の下で、女性は宗教的な価値や正統性を定義する権威や力から遠ざけられた他者とみなされるのである。

男性を崇高で真正な人間性の象徴とみなし、女性を低級な劣った人間性の象徴とみなす二元論的な世界観を内包した宗教伝統は、現世否定主義的傾向が強く、現世からの離脱をめざした禁欲主義（asceticism）をともなうことが多い。この禁欲主義が女性忌避に拍車をかけることになる。このような古典的な二元論は女性を抑圧してきたが、キリスト教のみならず仏教も実際には女性に対する同様の人間観に影響されている。たとえば川並宏子は、仏教経典の中に現れる女性像について、釈尊の母マーヤーがキリスト教の聖母同様、「母の深い慈悲心と純潔な処女性」を象徴し敬われるのに対して、釈尊を誘惑した魔王マーラの娘たちは、人間の心を迷わす激しい官能と執着を具現化していると述べている（川並　二〇〇七：二五―二六）。両極化した女性像の中で、女性が男性を堕落させる誘惑者とみなされていくことについて、トノムラ・ヒトミは、『今昔物語』に現れる性の描写が、「男の歩む仏への道を妨げる力をもつ女の性を非難の対象にしている」と指摘し、戒律を守れなかった僧侶の罪が破戒の行為者である男性から女性へと転化されていくこと示している（トノムラ　一九九四：二九八；川橋、黒木　二〇〇四：七九）。また、末木文美士は、仏教の戒律は女性との接触を穢れた行いとタブー視するため、戒律には「穢れを作り出していく」側面も働いている、と述べている（末木、松尾　二〇〇六：一七六）。

宗教とジェンダーの不幸な関係

前述した宗教の性差別的な側面を理由に、宗教は家父長制が女性支配のために用いる道具、あるいは虚偽意識の表出という見方が多く採られてきた（川橋　二〇〇四a：一〇九―一一〇；川橋、黒木　二〇〇四：一三―一六）。マクガイアは、多くの宗教教団が、家庭内暴力よりも性行動の倫理規制のほうに関心があり、近親相姦よりも中絶率のほうを問題視していることをあげ、宗教が必ずしも夫婦間の幸福の源泉とはならないことを忘れてはいけない、と述べている（マクガイア　二〇〇八：一一〇）。宗教は、ジェンダーが社会・文化的につくられた可変的なものであることを否定して男女の変わることのない本質であると説いている、と受けとめられることが多い。これは、男女間の差異を固定化する宗教は差別の現状維持に加担する、という批判につながる。宗教の思想、制度両面での抑圧性が女性の自己実現や自己解放を阻むために、宗教の主題はジェンダー・フェミニズム研究において周辺化され、それゆえ、宗教研究とジェンダー研究とを接合させる試みは二律背反であるとさえ言われてきた。

さらに、ジェンダー研究の多くが宗教に対して批判的で宗教を軽視してきたのと同様に、宗教研究もジェンダー研究に強い抵抗感を示してきた。宗教の立場からは、ジェンダーの視点が神仏などの権威を否定し、宗教が従来守ってきた伝統的な家族観や性の倫理規範を覆すように見えるからである。この二点からキングは、ダブル・ブラインドネス（二重の盲目性）という語を用いて、宗教とジェンダーの間の不幸な関係について、ほとんどすべてのジェンダー研究が過度なほど宗教に対して目を閉ざし無関心であるのと同様に、ほとんどの宗教研究はジェンダーを度外視し、その重要性を見ていない、と述べている（King 2004：1-2）。もしそうであるなら、序章で述べたように、筆者のような立場ははざま的な位置にあるといえる。一般のジェンダー・フェミニズム研究からは、宗教的な女性は家父長制に抵抗する主体を欠くにもかかわらずそれを擁護するとは手ぬるいと糾弾され、宗教研究からは、宗教の家父長制批判のみに力を入れる党派ではないかと疑いの眼で見られるのである。しかし、後述するようにジェンダーの視座と宗教研究とが二律背反であるという見方こそが、宗教を男性中心主義の砦の中に追いやり、魅力のないものにしてしまうのである。

客観性の神話とジェンダーへの抵抗

このように、宗教研究のなかでジェンダーの視点が矮小化されてきたことは、宗教研究における「客観性」あるいは「中立性」の問題と深くかかわっている。従来の宗教学はジェンダーの視野からのアプローチを、学問的中立性を欠く偏った「還元主義的な研究」と批判してきた。宗教研究におけるジェンダー研究への抵抗の背景には、「客観性・中立性」の神話があると考えられる。キリスト教や仏教や神道などの神学・教学から自己を峻別する宗教学では、客観的な視点が重視されてきた。[6]この価値中立という客観性の規範が「ジェンダー」の視点を排除する一因となったといえる。

客観的・普遍的・価値中立と思われてきたものが、実は第一世界、男性、白人などマジョリティの視点からの判断や知識であったことがさまざまな場で指摘され、社会科学の体系でも客観主義への問いただしが起こっている（宮地　二〇〇七；太田　二〇〇九）。客観主義は、普遍的な合理・知識・正義の存在を自明視してきたが、オリエンタリズムはこの普遍や合理がある特権（西洋）の考えによって正当化されていることを明らかにしたのである。たとえば、女神信仰の研究で知られるキャロル・クリストは、宗教学の「パラダイム・シフト」と題する論文中で、普遍的合理が男性の所有物とされてきたことを指摘する。つまり、客観・合理・分析・中立・冷静とみなされてきた学問的基準は実際には歪んだ男性中心主義に拘束されたエリート男性の非合理的な感情の所産であったと批判している。最終的にクリストは、客観主義のエソスはミソス（神話）にすぎないと結論づけたのである（Christ

1987：54-5)[7]。同様に、代表的なフェミニスト神学者のエリザベス・シュスラー・フィオレンツァは、フェミニズムは、文化的常識、科学的理論、歴史的知識、宗教的啓示などが客観的で中立的な叙述ではなく、支配層男性によって神秘化された父権的イデオロギーであることを示した、と述べている。彼女は、それゆえフェミニズム思想は、イデオロギー的で非科学的であるとして、社会、学問、教会の中で否定的反応にあうと論じている（シュスラー・フィオレンツァ　二〇〇九：二三八）。実際フェミニズム的問題関心は軽視されることが多く、最近ではピーター・バーガーが、神が男性のジェンダーで表されることへのフェミニストたちからの異議申し立てについて、神を「母」という女性のジェンダーで呼んでみても、神義論の問題は解決されない（バーガー　二〇〇九：六一―六二）、と揶揄しているが、このような見方は、神を男性のジェンダーで代表させる問題を見過ごすばかりか、神の似姿としての自己の主体を回復させようとする女性たちの希求をも矮小化するものであろう。

　またユスカは宗教学では他の分野に比べてフェミニズムの思想への抵抗が強い、と総括している（Juschka 2001：1）。さらにウォーンは、宗教研究におけるフェミニズムあるいはジェンダーの扱いが、「主流」の学問に単に付加されるだけの特別な関心事であるかのように「ゲットー化」されている現状を危惧している。この結果、女性によるジェンダーおよびフェミニスト的研究が、いわゆる「主流」派の学問的動向を掌握したものでなければ認知されないのに対し、ジェンダーあるいはフェミニズムの視点を欠いた男性による研究は批判の対象外におかれているという（Warne 2001：148）。中心は周辺を無視しても許される特権をもつが、「周辺」にはそれが許されていないのである。

　二〇世紀後半のもっとも著名な宗教学者であるミルチア・エリアーデは神話や象徴の研究で知られ

るが、彼の宗教現象学が依拠した「ホモ・レリギオースス（homo religiosus）」（宗教的なる人間）の概念は、普遍的な「宗教的人間」の規範を男性のジェンダーによって代表させているため、近年フェミニスト宗教研究者たちが批判を加えている。彼の解釈学的枠組みにもとづいて一九八七年に編集された『宗教百科事典（*Encyclopedia of Religion*）』にはジェンダーあるいはフェミニズムの視点がほぼ欠落していたと言われている。エリアーデの死後、一八年ぶりに出版された改訂版の主眼のひとつは、二一編からなる「ジェンダーと宗教」という項目の追加であった。(8) またあらたに加わった「フェミニズム」の項目の中でも、集合体としての「ホモ・レリギオースス」は、ジェンダー・人種・階級などの差異を省みない、女性の宗教経験を無視した男性中心主義の産物である、と述べられている（Hawthorne 2005：3025）。「フェミニズム」が宗教研究において必要不可欠な視座であること、またその「フェミニズム」が単一のカテゴリーではなく複数性で定義されることの両方が、いまや自明のものとなっているはずである。また、一九九九年に刊行された『女性と世界の宗教事典（*Encyclopedia of Women and World Religions*）』中の項目が、「feminism」ではなく「feminisms」である事実は、フェミニズムを欧米中心的なまなざしにもとづき単数形でとらえることの限界と、多様なフェミニズムの認識が倫理的必然であることを示しているといえよう。

ところが実際には宗教研究の場に（単数形にせよ複数形にせよ）フェミニズムが根づいているとはいいがたい現実が存在する。キングは先の改訂版作成にあたってジェンダー関連項目の主要アドヴァイザーをつとめたが、彼女は七〇年代から八〇年代の国際宗教学宗教史会議（ＩＡＨＲ）について、ごく一部の例外を除き男性中心主義が支配的であり、女性研究者たちは周辺化されていた、と述べている（King 1995：225-227）。また、IAHRの女性研究者のネットワークの中心的存在であるカルガリー大学のジョイは、二〇〇〇年のある学会で男性研究者から、男性憎悪のウーマン・リブ論者という意味合いで「ジェンダー・フェミニスト」と名指しされた不愉快な体験を記している（Joy 2006：8）(9)。

日本でも、宗教研究がフェミニズムに強い抵抗を示すことに関して小松は、従来の宗教研究が、フェミニズムをまっとうな「普遍的な研究」に拮抗する「一面的なフェミニズム研究」という図式の中で、歪めてとらえてきたことを指摘している。つまり、宗教を歴史や文化を超越した「究極的なもの」と見る視点からは、宗教現象をジェンダーのカテゴリーから説明する研究などは悪しき還元主義的解釈にほかならない、とみなされてしまうのである（小松　二〇〇五：四七）。次章でとりあげることになるが、ネイティヴ人類学者の桑山は、ネイティヴの解釈が「偏向」していて「客観性の基準」をみたしていないと外部の研究者から矮小化されることを指摘している。つまり、主流派の学問は「客観的で中立」だと判断されるのに対し、マイノリティの学問は「主観的」で「偏向」しているとみなされるのである（桑山　二〇〇八：三五）。この「ネイティヴ」という言葉を「フェミニスト的な視点を持つ女性研究者」と置き換えることは十分可能である。さらに小松は、宗教学関連の学会におけるジェンダー不平等をめぐる論考の中で、深く根づいた性差別の構造や権威を改革しようとする者は「非客観的であるとか、政治的すぎるとレッテルを貼られることになる」と述べている（小松　二〇一一：五七）。また、ジェンダー平等に抗い従来の性役割を存続させようとする一般社会のバックラッシュ（反発）の流れと連動して、宗教教団やアカデミアの一部からも、宗教界の女性たちはジェンダー平等に関心がなく、一部の男女共同参画論者たちが騒いでいるだけだ、という声がきかれることもある。実際に、筆者も学会の場でこのような批判を浴びせられたことがある。

しかしながら、ジェンダーの視点からの宗教研究は、女性固有の政治的な問題関心、あるいは学問的客観性や中立性を欠く特殊な問題領域と矮小化されるべきでない。女性研究者やジェンダー研究の問題意識を軽視することなく、この重要性を次世代の研究者に説いていくことが必要である。アメリカ宗教学会の元・会長、マーガレット・マイルズは、宗教研究にジェンダー、人種、民族、性的指向などのさまざまな差異を導入することによって、周辺におかれた人々が学問的対話に参入する必要性を強く主張している（Miles 2000）。

しかし、すでに一九八五年から『フェミニズム宗教研究ジャーナル（*Journal of Feminist Studies in Religion*：JFSR）』を出版しフェミニスト宗教研究者の層が厚いアメリカですら、ジェンダーの問題意識の世代間継承は課題になっているといわれる。最近、ＪＦＳＲに掲載された誌上座談会では、シカゴ大学神学部大学院で学ぶ女性研究者が、フェミニスト的な問題関心をもつ若い女性が直面する困難について述べている。このレズニックという女性は、あえて自分がフェミニストという名乗りを引き受けるのは、学問的中立性や距離感を表明したくないからだ、と明言している。彼女にとってもジェンダーとは、抑圧構造や社会的不公正や不平等が交渉される場であるという。彼女は修士課程に入った後、ほかの院生たちとともに、フェミニスト理論やジェンダー論のグループを作り、カリキュラムや制度の中での重要性を訴えようとしたそうである。しかし彼女は、大学院のクラスルームでこのような問題意識が一部の教授たちに必ずしも正当に評価されず歓迎もされなかった経験について述べている。（Reznik 2010：124-125）。北米においても、ジェンダーおよびフェミニスト的な問題関心をもつ宗教研究が抵抗にあう状況は続いているのである。しかしながら、たとえば二〇〇九年のアメリカ宗教学会（AAR）では、女性と宗教、フェミニスト理論と宗教、アフリカ系女性たちのウーマニスト神学など一二を越えるセッションが開かれ、ゲイ男性のイシュー、レズビアン・フェミニストのイシュー、クイア理論と宗教のセッションが約七つあったのに加え、さまざまなマイノリティ女性のためのキャリアを含むワークショップなど多様化したプログラムが組まれていた。日本の宗教研究が国内だけで完結するものでないかぎり、国内の学会においても同様の問題意識が必要とされるはずである。

すでに人類学や社会学などの隣接分野では、ジェンダー研究が一定のプレゼンスを確保している。[10] もっとも、いうまでもなく、ジェンダー宗教学は、女性のみが責任をもつべきものではない。人間の平等な尊厳と解放をめざす宗教という事象の研究にジェンダーの視点が欠落していることこそが、そもそも不適切なのである。今後は、学際的な理論的精錬と宗教現象の綿密な記述の両方が女性と男性の研究者によって展開されていき、日本においてもジェンダーの視座をもつ宗教研究の意義が高まることが望まれる。日本の人類学にジェンダー・フェミニズムの視角を定着させる作業に取り組む宇田川と中谷は、「欧米から輸入された学問であるジェンダー人類学に対して、その視点をどう相対化し、自分たちのポジショナリティをどのように考えていくか」という重要な課題が横たわっていると述べるが、同様の作業がジェンダー宗教学にも求められるだろう（宇田川、中谷　二〇〇七：九）。

フェミニスト神学と再解釈の戦術

ここで再度、仏教とフェミニズムの相互互換作用について論じたい。仏教にかぎらず、ジェンダーあるいはフェミニズムの主張を前面に出した宗教界の運動は、宗教を性差別的で改革不可能な「家父長制の産物」と切り捨てるのではないか、という誤解があることはすでに述べた。実際、仏教教団の上層部や研究者が集まる学術的な会合に筆者が招かれて発表したときにも、このような固定観念にもとづいた反応に出会ったことがある。しかし、今なお日本においても、仏教とフェミニズムは二律背反であるという見解が流通しているのはきわめて残念である。[11] 後述するように、ジェンダーやフェミニズムの視点は、仏教が本来もっている平等と解放のメッセージを正しく伝えられるようにする修正力をもつのである。以下、ジェンダーあるいはフェミニズムの視点と仏教とが矛盾せず共存する必要性と可能性をフェミニスト神学での展開から探っていきたい。

このようなジェンダーの視点からの試みに対して、伝統的な仏教者であれば、そもそも仏教の理念とフェミニスト的社会変革は両立不可能な気まずい関係にあるのではないか、と批判することが予想される。この見方は、人類学とフェミニズムの間の「awkward relationship」と言われるものと類似している（川橋　二〇〇四a：一一〇）。「居心地の悪い気まずい関係（awkward relationship）」という表現は、フェミニスト人類学者のマリリン・ストラザーンがフェミニズムと人類学の関係を表す際に用いたことで知られている（Strathern 1987）。これは人類学が「他者」との経験の共有や一体感をめざすのに対し、フェミニズムは「他者（男性）」の抑圧への自覚や社会的不正への怒りや抵抗を要求するため、フェミニズムと人類学は居心地が悪く気まずい関係にある、という主張である。同様に、仏教が他者への慈悲や寛容など心の安寧を説くのに対してフェミニズムは差別への怒りや自己決定権などの自己尊厳の強い主張を必要とするために、この両者は拮抗・対立してしまい、フェミニズムと仏教を連結させる試みは折り合いがつかない、という見方が考えられる。しかし、以下述べるように、フェミニズムと仏教は必ずしも二律背反ではない。宗教は本来、暴力や抑圧を正当化するのではなく、社会的弱者のおかれた状況を是正し、すべての存在の自由と価値と尊厳を保障すべきものである。それゆえ前述のキングは、「個人的なことは政治的なこと」というよく知られたフェミニズムのスローガンを、「精神的（spiritual）なことは個人的で政治的なこと」と読み替え、宗教的な関心事が、個人の内面のみでなく社会や共同体とかかわっていることを強調している（King 1993 : 198-9）。

宗教とフェミニズムは二律背反かという問いかけが生まれる要因は、理性を特権化する啓蒙主義の負の遺産がフェミニズムに与えた影響にあるのではないか、とカステッリは述べている（Castelli 2001 : 5）。さらに、宗教を虚偽意識の産物と否定的に解釈し、宗教的救済を巧妙に偽装された新たな抑圧ととらえてしまう背景には、宗教という場で女性が行為主体（agent）であることの理解され難さがあげられよう。換言すれば、宗教的コンテクストで女性のエージェンシーを論じることの困難である。

宗教史の中での行為主体としての女性のあり方は、ときにロマン化されてきた。つまり、例外的にヒロイックな女性のみに焦点を当てるそのイメージを増幅させることによって、抑圧された犠牲者としての女性像を覆そうとしてきたのである。このようなやり方で女性のエージェンシーを実体化することは、不毛なアプローチでしかない。しかしそれよりも複雑な問題は、自己超越や大いなるものへの畏怖や服従を強調する宗教が、本質的に個としての自律や自己を否定することによって女性の自己解放や自己実現を阻み、結果として女性を男性の権威に従属させてしまうように見えることであろう。

たとえば、マックはクエーカー教徒の女性に関する研究の中で、宗教的な女性のエージェンシーについて重要な指摘をおこなっている。彼女はまず、「知恵」は個人の自律の表出であり、それゆえ「宗教」が個人よりも高位にある権威を前提とするかぎり、「宗教的知恵」という語法がそもそも二律背反である、という考えを紹介している。同様の理由から、さまざまな分野で個人の「エージェンシー」を論じる場合、個人の自覚的な自己表出を不可欠とするエージェンシーの概念と拮抗すると考えられる「宗教」の語は、索引から抜け落ちているほど視野の外におかれてしまっている、と述べている（Mack 2003：150）。

マックは、このような自律へのこだわりと宗教への無関心は、支配的影響力をもつ世俗化のメタナラティヴから生じている、と論じている。つまり熱心な信仰をもったり、宗教的制度や規律の中に生きる人々は、世俗社会の自律的な個人がもつエージェンシーを欠く、とみなされてしまうのだという（Mack 2003：153）。さらに、フェミニストの多くは、自己肯定へのためらいや抑圧的に見える社会的規範の内面化など、宗教的主体としての女性が発動させる「エージェンシー」のあやうさを指摘するであろうと述べている（Mack 2003：157）。ここでは、社会の家父長制的な規範への服従とそれへの抵抗とが二項対立的にとらえられてしまっているのである。

宗教をすべて家父長制イデオロギーの派生物に還元する一部のフェミニズムの言説の相対化は容易

ではない。しかし、宗教を通して自己実現や自己解放を手にする女性たちの声に耳を傾けないことが、女性たちに対する裏切り行為を意味するのもまた事実なのである。

それではこれまで論じてきた、フェミニズムと宗教の不幸な関係の修復の可能性はどこに見つけられるのだろうか？　なぜ女性たちは、一見女性のエージェンシーを否定するかのような宗教の中に踏みとどまるのだろうか？　宗教とフェミニズムが二律背反ではないとする考え方は、この二つが矛盾しあうのではなく、互いから得るものによってさらに強められていく、という確信に支えられている。アン・カーは、フェミニズムは宗教を家父長制から解放する恩寵であり、同時に宗教もフェミニズムに新しい広がりを与える力をもつ、と述べている。カーは、宗教が女性を解放や平等へ導く真理をフェミニズムによって自らの中に再生させることができれば、次はその真理の力が、既存の抑圧的、差別的な社会制度を批判し変容させていく可能性を生みだす、と説き、これを二重のクリティーク（double critique）と呼んでいる（Carr 1988：102-103）。

現代社会において、自己完結した近代的自我のみをよりどころとして生きることに困難を感じる女性たちは少なくない。彼女たちにとってより「大きな存在」との関連の中に自己を位置づけて生きることは大きな意味をもつ。女性たちは、フェミニズムによって変容した宗教が、精神的な希求を満たす力と自らをとりまく社会の差別性を揺さぶるエネルギーをもつと信じるがゆえに宗教の中に踏みとどまるのである。

このような、宗教伝統を家父長制の産物と切り捨てるのではなく女性に力を与えるものへと再構築する営みとしては、ユダヤ・キリスト教の中で展開してきたフェミニスト神学がよく知られている。

フェミニスト神学は一枚岩とはいえないが、ユダヤ・キリスト教の伝統の中の性差別を認識したうえで、聖典中の女性の解放につながるメッセージを復活させ、伝統の改革（reform）をはかるアプローチが主流となっている。代表的なフェミニスト神学者であるシュスラー・フィオレンツァは、欧米のフェミニズム運動は多くの場合、ユダヤ・キリスト教の宗教伝統の見直しを放棄してきたと述べている（シュスラー・フィオレンツァ　二〇〇二：九）。彼女は、「教父的エリート主義の父権制的なテクスト選択と、排他的な正典化」によって、女性たちは宗教伝統の中で沈黙を強いられ周縁化されてきたと論じ、伝統の内に立つフェミニストたちが家父長制に規定されてきた正典の境界線に挑戦する必要性を説いている（シュスラー・フィオレンツァ　二〇〇二：一二）。

日本でも、フェミニスト神学者の山口里子は、「正典」を書いたのは勝者としてのエリート男性たちで、彼らが有する「民族・階級・ジェンダー差別が絡まり合った父権価値観」を、女性たちもが神の言葉として内面化してしまった、と述べている（山口　二〇〇七：五〇）。その父権化の過程で、初期キリスト教の女性指導者など肯定的な女性のイメージは葬り去られてしまったのである。フェミニスト神学のアプローチに賛同する女性たちにとっては、家父長制的な制度や教義解釈を受け入れてしまうことこそが、自らの信仰への裏切りにほかならない。制度としての宗教が女性に対して抑圧的にふるまうことがあっても、教祖の言葉や信者の生き方は、現代社会の差別を批判的に問いただし、望ましい世界像を照らしだす力をもつ。前述のシュスラー・フィオレンツァは、このアプローチが新たな「フェミニスト」正典の権威の固定化を意図するのではなく、むしろ正典の権威に挑むことによって、「支配的なキリスト教正典が生みだした抑圧的な文化的・宗教的アイデンティティ形成の解体」

をめざすのだとつけ加えている（シュスラー・フィオレンツァ　二〇〇二：一四）。つまり、彼女たちの再解釈の戦術は、弱者と強者、マイノリティとマジョリティの対立的序列を反転させ、今まで虐げられてきたカテゴリーを単純に高位に位置づけようと意図するものではない（黒木　二〇〇七：二三七）。

また、ランカスターは、聖典が家父長制であることを知りながら伝統の中にとどまることは、「受容」と同義ではない、と強調している。なぜなら、この決意は、教会と教会による聖典解釈が変容することへの希望にもとづいているからである（Lancaster 2002：1）。

さらにイスラーム女性の立場からバーラスは、家父長制的権威にもとづいたコーランの解釈を読み替える重要性を説き、女性たちはコーランの教えの中で平等のために闘うことができる、と主張している。家父長制的な読みを受け入れてしまうことは、イスラームの名においてイスラームの教えを濫用し女性を虐待することにほかならないのである（Barlas 2002：xi）。このように、さまざまな宗教伝統の中で女性たちは、彼女たち自身の生を豊かにし力を与える読みを求めて、父権的な正典の権威づけに挑戦している。

これらの作業はキリスト教やイスラームの文脈だけにとどまらず、仏教など他の宗教伝統における同様の課題へのフィードバックを与えることができよう。ウインター、ルミス、ストークスらによる『わたしの居場所はどこ？——主体的信仰を求める女性たちの声』の中では、疎外感や怒りを抱いていても、教会を壊し伝統の外に出るのではなく、共同体との連携を続ける、「脱出しつつもとどまっている（Defecting in Place）」女性たちの姿が描かれている（ウインター、ルミス、ストークス　二〇〇九：二〇八—二〇九）。なぜ、抑圧的な伝統の外にある世界の存在を知りながらもなおその場にとどまるのか？

この問いは仏教研究においても、女性たちが伝統とのかかわりの中でジェンダー平等的に伝統を作り直そうとする営みを読み解く手がかりを与える。

多義的視座の設定

さて、このような再構築や読み直しの作業には注意すべき点がある。女性にとってのエンパワーメントとなる、いわゆる「フェミニスト憲章」を経典や象徴の中に見出しそれを特権化することは諸刃の剣を意味するからである。ホゼ・キャベゾンは、大乗仏教の思想で知恵と分析力が「母」という女性のメタファーで表現されていることに言及し、このことは必ずしも女性が男性よりも知恵において優れていたと考えられたからではない、と論じている。女性的なものを肯定的に評価する象徴を有する宗教文化が、女性に高い地位を与え進歩的な態度を有していると簡単に結論づけるのは、ナイーヴすぎる（Cabezon 1992：181-188）。表層的な解釈は、かえって現実の中の差別や不正を覆い隠してしまう危険性があるからだ。

一九世紀末から二〇世紀はじめの、釈迦のジェンダー観に関する、I・B・ホーナーやリス・デヴィズらの女性研究者によるパイオニア的研究には、過度なまでに釈尊を女性に好意的な師と見る前提にもとづいた文献解釈が見られるという。コレットは、ホーナーたちが、初期のインド仏教の中の女性像を、「フェミニストとしての動機づけ」という彼女たちの社会文化的な前提にもとづいて自律的で合理性に富んだ女性と解釈し、さらに釈尊を女性の主張を支持するチャンピオンのように描いてしまったことを指摘している（Collet 2006：73-76）。

　このように宗教と性差別の問題を論じるときの罠は、ある伝統が差別的であるのか、そうでないのかをめぐる評価が、本質主義的な議論になりがちであるということである。イスラーム研究者の嶺崎寛子は、「イスラームは女性を抑圧している」という歴史や地域の多様性を無視した本質主義の言説がある一方、それへの反論もまた本質主義的な問題設定にひきずられて、イスラームは実は平等主義である、などの言説に終始しがちであることを指摘している（嶺崎　二〇〇七：九三）。

　後者の議論に関して、植木雅俊は、「フェミニスト」は仏教伝統を一括りにして性差別的な宗教であると不当に糾弾していると主張して、原典研究に依拠したとする反論を繰り広げている（植木　二〇〇四、二〇〇五）。植木は、仏教の平等性を強調するあまり、フェミニズムからの宗教改革運動の多様性にはほとんど注意を払っていない。そのため、彼の定義するフェミニズムとは、仏教を「家父長制の産物として攻撃する運動」に限定される。したがって、フェミニズムを通して仏教の再構築を目指す改革派の立場は度外視されてしまっている。しかし、フェミニズムやジェンダーの視点を排除することが、かえって現代仏教の改革を妨げる結果を生むことには無自覚なままである。彼が主張するような、仏教の中には平等思想があるという認識こそが、現実の性差別批判にも有効なはずであり、ジェンダー平等の実現をもたらすのではないか。

　これに対して、アラン・スポンバーグは、仏教が内包する女性への態度を一元的に分析することは不可能であると論じ、複数のレベルを設定することによってはじめてその全体像を窺い知ることができると主張する。彼は仏教史の女性への態度を次のように四つに分類した。（一）救済論的包容性、

（二）制度的男性中心主義、（三）禁欲的女性忌避、（四）救済論的両性具有である。救済論的包容性は、仏教の実践的な救済論が女性を疎外せず、ひろく人間を苦から救うことを意味する。初期の仏教では、生物学的なセックスと社会的な構築物であるジェンダーが混同され、女性の生物学的属性がそのまま社会的な役割を規定すると信じられていた。スポンバーグは、この誤った前提が制度的男性中心主義と禁欲的女性忌避を生みだし、教団組織の中で女性を限定的で従属的な役割に閉じこめてきたと論じている（Sponberg 1992：11）。さらに深刻なのは、禁欲的女性忌避がもたらす女性と女性的なものに対する否定的な態度である。仏教経典中の〝女性嫌い〟の感情は女性への敵意をともなうが、これは禁欲主義の理念を脅かすからだ（Sponberg 1992：18–20）。この二つの否定的な態度は、前述の救済論的包容性とは相容れない。この緊張関係を和らげるのが（四）の救済論的両性具有である。〝両性具有〟という言葉は、非二元論的な統合を意味し、宗教一般に見られる男性的なものと女性的なものが相互補完的に融合された境地を示す。つまり、女性的なものの価値が再評価されて、両者が等価にある状態のことである。しかし彼は、両性具有的なアイディアルが教団内の男性中心主義や女性忌避を揺るがしたと一方で認めながら、他方ではこれを過大評価することの危険性にも言及している（Sponberg 1992：24–28）。したがって、女性と女性的なものを仏教がどのように見てきたのかについて単一の視座のみに依拠することは生産的ではなく、多義的な視座レベルを認めてこそ仏教をより正確に把握できると結論づけ、次のように述べている。

仏教の批判論者は私の見方にこのような異議を唱えるだろう。「女性仏教徒たちは、男性中心主義と女性忌避の背景の中で、他の伝統宗教下の女性たちと同じように苦しめられてきた」と。この事実を否定する仏教擁護論者はあまりにもナイーヴである。しかしながら、より広い仏教思想の枠組みの中では、人間の犯す（性差別という）過ちも、また女性に対する肯定的な要素も、ともに存在することを認めなければならない。これは私が提案した、多義的な視座レベルを認めてこそわかることなのである。そしてまた、その視座レベルのひとつである救済論的な包容性が損なわれてきた制度的、心理的な重圧を認識してこそ、釈尊の理念を保持しようとしてきた、忍耐強い試みも理解できるのである。（Sponberg 1992：29）

日本でも佐々木閑は、スポンバーグと同じく本質主義的な主張を避けた議論を述べている。佐々木は、初期の仏教教団には女性に対する複合的な視点が混在していたのであり、性差別のみに着目して「仏教は性差別の宗教である」と結論づけることも、悟りの平等性のみに着目して「仏教は女性を平等に扱っていた」と結論づけることも、どちらも偏った見方であると論じている。さらに、女性に悟りの可能性が開かれていて救済から排除されていなかったとしても、実際に教団内の女性僧侶たちが差別されてきた歴史を正当化できるものではない、と明確に主張しているのは、妥当な指摘であると思われる（佐々木　一九九九：二二九）。

これまで論じてきたように、フェミニスト神学の解釈学では、ジェンダーの視点によるテクスト批判が豊かな展開を見せている。山口は、シュスラー・フィオレンツァによる、唯一の絶対的・不変的原型（アーキタイプ）としての正典ではなく、歴史的・形成的原型（プロトタイプ）としての聖典理解を紹介している。正典とされる解釈も時代の制約の中で形成され、今日の倫理的状況からの批判を免れないと認める解釈学である（山口　二〇〇七：四〇）。仏教学者の岡田真美子は、釈尊の「すべての事象は移り変わる」という教えは、まさに絶対的不変的原型としての正典の考え方を超えるものではないか、と述べている。[12]ジェンダーやフェミニズムの視点からの仏教の再構築の取り組みは、このようにフェミニズム神学の蓄積から学ぶことができるのではないか。冒頭で引用した下田は、仏教では口頭伝承が何百年も続くなどキリスト教とは異なった背景を有するにもかかわらず、「西洋起源の仏教研究」がキリスト教の聖書研究の文献学的手法に強く影響されてしまったことを問題視している（下田　二〇〇九：三七―三八）。また、欧米の仏教研究でも、ユダヤ・キリスト教のフェミニスト神学のような「フェミニスト仏教学」的な解釈の共同体が存在するまでにはいたっていない。たしかに、田上太秀が述べるように、釈尊の教えは「八万四千の法門」といわれるほど多数の経典として残され、新約聖書のような一冊の聖典にまとめられるものではない（田上　二〇一〇：三〇六）。しかし、ユダヤ・キリスト教の伝統に出自をもつテキスト批判がそのまま仏教研究に流用できるのか留保が必要であるとしても、仏教研究においてフェミニスト神学のような方法論的精錬が求められるのはたしかである。

これに加えて、父権的な教会史の中に隠蔽されてしまった女性たちの歴史の読み直しと再発掘も重要である。過去や現在の仏教史の中に存在する、女性にとってエンパワーメントとなる役割モデルとしての女性仏教者たちを掘り起こす海外の研究者による研究としては、ルーシュ（一九九二）、アリオーネ（一九九二）、アライ（Arai 1999）などがあげられる。同様に、国内でも解釈学的に洗練された教義や歴史の読み直しの取り組みが盛んになることが望まれる。一例として、仏教が性差別的であるか否かを判断する際にいわば「踏み絵」のように使われる、女性出家者のみに課された「八敬法」の解釈は重要な課題であると思われる。男性の出家集団に対する女性の集団の従属的地位を尼僧の義務として規定した八敬法の解釈をめぐっては、女性研究者のあいだでも評価が分かれている。第五章で詳述する台湾の尼僧で仏教研究者の釈昭慧眼は、これを明確な性差別とみなし擁護不可能と判断するが、タイの仏教哲学者スワンナー・サターアナンは、女性の受戒を可能にした制度的隔離である、と評価している（サターアナン 二〇〇八）[13]。いずれにしても、日本の仏教研究においては、ジェンダーの視点からの問題意識を軽視することなく、この重要性を女性と男性両方の研究者と共有していくことが必要である。解釈学的精錬と日常の実践の綿密な記述の両方が多くの研究者によって展開されていき、ジェンダーの視座をもつ仏教研究の意義が広く認められることが望まれる。

ジェンダーの視点、ふたたび

本章はフェミニズムと宗教の関係が二律背反から共存可能なものへと転換されなくてはいけないことと、ジェンダーの視角からの挑戦が、女性に勇気と祝福を与えるものへ宗教を再生させる可能性を意味することを論じてきた。仏教が抑圧的構造を問わない女性観をもつ限り、仏教は女性にとっての救いとはなりえない。日本仏教に見られる家父長制と階層制の問題は、国内外の両方で仏教理解の障害となる。この障害が乗り越えられない限り、筆者の友人であるヨーロッパ人の浄土真宗の女性僧侶が述べたように、日本仏教は単なるひとつの民族的な信仰（one ethnic belief）に矮小化されてしまうであろう。日本仏教がかかえこむ抑圧的な要素を正しく認識し、社会をより良い方向へ向かわせる力をもつ教えと制度を作るあげるべきである。ジェンダーの視点は、男性中心主義の均質化された僧侶集団に埋没している男性僧侶にとって、自己内省的な視点を得る手がかりとなりえる。世間の目を引く社会活動に熱心な男性僧侶であっても、身近な社会的弱者である女性の痛みには目を閉ざしてしまうことがある。大谷派僧侶の尾畑潤子は、開かれた寺とは寺の中の人間関係が平等に開かれた寺のことである、と語っていた。男性僧侶が内なるジェンダーバイアスを問いただすことなく、公益性や社会貢献を叫ぶのであれば、そのような仏教改革運動のあやうさは省みられるべきである。日本仏教が開かれた方向へと動きだし再生できるかどうかは、差別と権力の問題を照らしだすジェンダーの視点に、一人でも多くの者が共感し、改革の意思を共有できるかどうかにかかっているといえよう。禅宗寺院に掲げられる「脚下照顧」の文字は、足下に注意するがごとく、自己を内省的に省察することを意味する。ジェンダーの視座はまさにこのことを言い当てているのではないだろうか。なぜなら、ジェンダーの視座とは自己の姿勢を照らし返す視座であり、それはさまざまな特権を捨て去る学びを要求してくる。そうであるからこそ、ここで述べてきたように、男性宗教者（あるいは宗教研究者）は、ジェンダーの視点を特権化するな、と過度に反発してくるのではないのかと思えてならない[14]。ときに学会においても目にする、フェミニズムの多様性を無視するかのようなカリカチュアライズされたフェミニズム像を作りあげたうえでそれを批判する論調には、非常な違和感を感じる。無自覚なうちに自らの「男性というジェンダー」によって恩恵を受けてきた人々は、このようなジェンダーの視点からの脱中心化に居心地の悪さを覚えるのかもしれない。

最後に繰り返せば、ジェンダーは、学問的な知の生産と宗教現象をともに見直す想像性に富む視角を提供し、とりわけ宗教の中に存在する差別と権力の問題を照らしだす。田中雅一は「宗教学は誘惑する」（田中　二〇〇九）の中でこの視点をさらに発展させ、宗教研究で求められるのは権力作用を視野に入れた考察であると述べている。そこでは、「共生の可能性を否定されてきた他者」あるいは被差別者が宗教学の当事者ではないのか、という指摘と、「信仰から排除あるいは周辺化されている」者とのかかわりにおいて、研究者が自らの立ち位置を想像することが宗教研究では不可欠であるという主張がなされている。筆者も、田中の視点は、ジェンダー宗教学にとって不可欠だと考える。

多くのフェミニスト研究者が、女性知識人は、アカデミー内での議論と、現代の女性の社会的苦闘の両方に応答責任があると述べている。[15] 研究者が排除されている人々を代弁するのではなく、その人々が語ることのできる場を広げるように協働することは、フェミニストリサーチの理念である。研究者がどのような社会的特権をもつのか自らの立ち位置に向き合い、ともに解放を支える語りを形作ることが必要なのである。抑圧の構造が見えにくいマジョリティの場の近くに立つ知識人女性たちは、自らの特権と責任を批判的に自覚的し、より抑圧された女性たちの叫びに応答し連帯していかなくてはならない。ニューヨークで活動するフェミニスト神学者のチョン・ヒョンギョンは、このような連帯の可能性を「こだま」のヴィヴィッドなイメージに結びつけ、「こだま」は沈黙させられた女性たちの声を反響させ彼女たちの叫びの証言者となる役割を果たすと述べている（チョン　二〇〇七：一二三―四）。次章では、これらの問題を筆者自身のネイティヴ研究者の立ち位置と関連づけて考察していく。

＊本稿は川橋（二〇一二）に加筆、修正したものである。またこの考察は、川橋（二〇〇四ａ）、川橋（二〇〇七ｂ）と部分的に重複する。

第二章 「ネイティヴ」のフェミニスト・エスノグラファーとして書くこと

問題の所在

この章では「描かれる日本人女性」像を中心に、「ネイティヴ」の立場に立つフェミニスト・エスノグラファーとして、他者表象の問題を論じていく。かつて「他者化された日本人女性」として「描かれる対象」であった「私」が、今は自分を含めた女性たちを描く主体になっている。そしてそこには、「ネイティヴ」のフェミニスト・エスノグラファーである筆者のマージナルな立場性と切り離すことのできない、さまざまな解釈上の問題が横たわっている。

筆者はアメリカの中西部にある、白人の生徒が圧倒的マジョリティの州立高校を卒業しているが、初めて登校した日に、自分が存在しないかのような疎外感を味わったことは今でも記憶している。これは、自己が絶えず主流から外れたものとみなされ、自分の意思に反して歪められて表象される存在となることでもあった。この十代のときの経験は、その後の筆者の問題関心と密接に絡み合っている。

この章で多用することになるオリエンタリズムやポストコロニアルフェミニズムなどの用語は、テクストの中に浮遊するだけの実態を欠くものではなく、筆者自身がさまざまな「はざま性」の中を生きてきた経験を言語化し理解しようとする際、それを正しく言い当てるための手助けとなったものである。それゆえ、アメリカで学んでいた院生の時代に初めてこれらの言葉に出会ったときの衝撃は忘れることができない[1]。

序章で述べたように、筆者は研究者と当事者のはざまに立ち、仏教教団に身をおき寺に住みながら、研究者として女性たちによる仏教改革運動のフェミニスト・エスノグラフィーを書いている。さらに、後述するネイティヴ・アンソロポロジスト同様に、筆者は「調査する者」でありまた西洋によって「調査される者」でもあり、この意味で、「書く者」と「書かれる者」（そして読む者）のはざまにおかれている。そうであるからこそ、西洋社会によって他者化され描かれる存在としての日本女性である自己を、絶えず問題化せざるをえない状況にある。以前、自分をふくめて誰もが他者支配の言説に加担する危険性があり、だからこそ学問的言説がもつ社会的特権に無自覚でいることはできない、と記したことがある（川橋　二〇〇〇：一五—一六）。前章で述べたように、研究者が排除されている人々の語る場を広げることに向けて協働し、解放を支える語りをともに創出する理念にはどのようにすれば近づくことができるのか。本章はこの問いに対する現段階での考察である。

ここで議論を整理するために、二〇〇四年の『混在するめぐみ』の第三章で述べた、筆者自身の立場性に関する議論を要約してみよう。第一に、僧侶の配偶者として寺院の現場に身をおきながら、仏教とフェミニズムの学問的言説に参入してテキストを書く立場は「内なるアウトサイダー」と呼ぶことができる（川橋、黒木　二〇〇四：六八）。内なるアウトサイダーとはいずれの集団の完全な当事者（インサイダー）でも完全な部外者（アウトサイダー）でもありえないポジションを意味するが、「内なるアウトサイダー」としてのポジションは、運動の実践とエスノグラフィーを書くことのあいだの境界線をあいまいで複雑にする。筆者の立場がまったくのインサイダーと異なるのは、改革運動にかかわる女性たちの多くが女性僧侶あるいは僧侶の配偶者として寺院の生活に全面的にコミットしているのに対し、筆者には研究者としての公的発言のアリーナが保証されているからである。もちろん、当事者であることと解釈の妥当性あるいは正当性のあいだには本質的関係があるわけではない。だが、意識的に当事者性を引き受けて、抵抗や変革のために語る意味もあるはずである。(2)

しかし筆者は、外部に立つ者を排除した内部の語りを特権化しているのではない。当事者と非当事者との間の権力関係を固定化してしまう当事者性の本質化は不毛である。またこのような本質化は、すべての責任を当事者に押しつけることによって、外部に立つ者の応答責任を回避させる結果を生みだすであろう。筆者は当事者が語りを占有化すべきだという主張をしているのではない。そうではなくて、たとえば従来の仏教女性をめぐる言説が、学問的客観性や政治的中立性を隠れ蓑に、彼女たちの主体的な語りを軽視し、一面的な表象を描きつづけてきたことを問題視しているのである。欧米の植民地主義的なフェミニズムの言説の中で一方的に作りあげられた日本女性の表象が流通し、それへの異議申し立てが却下されていく理不尽さを当事者として知っていれば、いっそうこの課題は重いものとなる。後述するように、西洋以外の女性たちを行為主体ではなく受動的な犠牲者として他者化する、コロニアルフェミニズムのマスターナラティヴは、依然として存在するのである。

「ネイティヴ」の視座

太田好信は、「表象を自己正当化する共同体が、表象の対象となってきた人々を排除できなくなりつつある」状況を、民族誌的権威の分散と指摘している(太田 二〇〇三:五四一)。表象の対象であった人々が民族誌の読者や民族誌家として台頭してきた背景には、ポストモダン人類学の旗手とされたマーカスやカッシュマンたちでさえも、民族誌の読者として(専門的研究者や学生、または在野の活動家や一般読者を想定していたにもかかわらず)、「ネイティヴ」の読者の存在を考慮していなかった事実がある(Brettell 1993: 2)。このように植民地主義的な表象行為の独占がゆらいできた状況をレイ・チョウは、「今や『見られる客体』が見ている『見る主体』を見ているのだ」と総括している(チョウ 一九九八:二六八)。今日の地域研究にとって、表象されてきた側の異議申し立ての視線に真摯に向き合うことは、倫理的必然のように思われる。ところがネイティヴの民族誌家の場所は、それほど居心地の良いものとは言えない現状がある。

ネイティヴ人類学者(筆者の場合は宗教学者)とは、主に欧米で学問的トレーニングを受けた、自己の文化を研究する非欧米出身の研究者をさす。ネイティヴ人類学者の立場から桑山敬巳は、欧米のポストモダン人類学者さえもが、非西洋の研究者によって自らの文化について書かれる、つまり自ら客体になる可能性を度外視してきたことと、民族誌の読者を、「書き手と同じ言語文化共同体の成員に限定」していたことを問題化している(桑山 二〇〇一:一四六)。人類学者が植民者で観察する者・

書く者であり、ネイティヴが被植民者で観察される者・書かれる者であった近代植民地主義の不均衡な構造の中では、ネイティヴとは単なる研究対象にすぎず、いわば「もの言わぬ土人」であった（桑山　二〇〇九：七九四）。

しかし、山本真鳥が『文化人類学』の「〈特集〉日本のネイティヴ人類学」で述べるように、ネイティヴ人類学者は単にインフォーマントが昇格しただけの存在ではない（山本　二〇〇六：一九七）。かつて「土人」といわれた他者が学問領域に参入してきた事実は「人類学の知識構造」を変える意義をもつ。ゆえに桑山は、「ネイティヴの人類学を方法論上の問題に修練させることなく、学問の認識やあり方そのものの問題として捉えることが重要である」と論じている（桑山　二〇〇八：八）[3]。

西洋における非西洋社会を対象とした地域研究には当然日本研究もふくまれるわけだが、日本の国内では欧米の日本研究がもつ、戦略的枠組みや制度化への批判について、活発な議論が展開されているとは言えない。もちろんこのように、西洋あるいは欧米側の非西洋に対するまなざしに焦点をしぼることが、かえって西洋対非西洋の二項対立を強調し、「西洋」を実体化するのではないか、との疑問もある。しかし宗教学や人類学など多くの分野で西洋が学問的ヘゲモニーを握っている事実は否定できまい。たとえば酒井直樹は、アメリカのアジア研究における指導的地位がほとんどの場合、白人研究者によって占められている植民地的構造を批判している（酒井　一九九八：一一）。またチョウは、東アジアの多くの国々が、「領土として」植民地支配を受けていなくても、西洋によるイデオロギー的な支配の様式としてのオリエンタリズムは東アジア研究にも深く根をおろしている、と述べている（チョウ　一九九八：二一）。

このことと関連して、言語的ヘゲモニーの問題も存在する。部分的にアメリカで育った背景をもつ日本文学者の水村美苗は、たとえばフランス語のような多くの人々がアクセスできる「普遍的な言語」と、そうではない日本語の間には非対称的な関係があると述べ、それを普遍的な時間に住む人間と特殊な時間に住む人間との間の非対称的な力関係としてとらえている。広く流通する支配的言語ではない日本語のような言語と時間の中に生きる人間は「普遍的な時間の中で話す人たちの声は聞こえても、自分の声をその人たちに届かせることはできない」という水村の指摘は重要である（水村 二〇〇八：七九）。

ネイティヴの人類学者（あるいは宗教学者）は、一種の二重拘束の状態にある、と筆者は考えている。（筆者のように）欧米の大学で自国の文化を研究すれば、そのこと自体が西洋社会の地域研究の優位性の証拠ととられてしまう。酒井が指摘する、理論は西洋の研究者の占有物であり、非西洋の研究者は「情報提供者」とみなされる植民地的分業があるかぎり（酒井 一九九八：一二）、自国の文化を「理論的」に研究したければ西洋で学ばなくてはいけない、とされるからである。一方、非欧米出身の研究者が欧米の研究者よりも西洋の理論に精通していた場合、彼／彼女は西洋の研究者の「コピー」とみなされることが多いのではないだろうか。

桑山は、ネイティヴと欧米の研究者との間の確執について、いくつかの要素をあげている。まずネイティヴの学問に対する欧米側の関心・信頼の低さである。次にネイティヴの知識人が対等な同僚としてではなく、「物知りのインフォーマント」と扱われることである。(4) そしてネイティヴの言説を「特定の政治的立場の宣伝工作」と同一視し、矮小化する西洋側の姿勢である（桑山 二〇〇一：一五〇)。

また太田も従来の人類学が、ネイティヴからの反論を「科学的根拠に欠ける」と却下したり、「ネイティヴは現実の異なった解釈を提供しているにすぎないと判断してその解釈を相対化」したりする対応をとってきたと述べている(太田 二〇〇八:五七)。さらにネイティヴ研究者の立場にある者からの批判は、「ネイティヴの特権的視座」を主張しているにすぎず、客観性や妥当性を欠く、と見られることも多い(川橋 一九九七:六三)。アブ=ルゴッドはネイティヴ人類学者が直面する困難について、「自分の文化を研究する者は、自己と他者とを同一視しがちで主観的でありすぎると評価されてしまう」と述べている(Abu-Lughod 1991: 141)。これに対して、アフリカ系アメリカ人研究者の立場からジェイコブズ=ヒューイーは、ネイティヴ研究者たちが積極的に反論を試みる例を記している。しかし彼女も述べるように、自らのネイティヴとしての立場性にこだわり西洋の視線を見返す研究者たちは、特定の政治的意図に動機づけされた神経過敏な者たち、と片づけられてしまうことが多い。さらに皮肉なことには、このような「ネイティヴ」たちは、「本物のネイティヴとはいえない(not native enough)」、と判断されるのである(Jacobs-Huey 2002: 799)。つまり西欧の理論の土俵上で、見返し反論するネイティヴたちは、もはや真正なネイティヴとはみなされないといえる。西洋のフェミニスト研究者による「異質な他者」としての日本女性の表象に対する異議申し立てが却下される背景には、このような状況があるといえよう。

カナダで教鞭をとるパキスタン人の女性研究者であるシャナズ・カーンは、彼女がパキスタン女性のディアスポラ経験などについて語る際、自文化に関する真正な権威を有する文化使節でもあるかのような役目を引き受けさせられる重圧を感じると述べている。しかしこのネイティヴ・インフォーマントとしての権威は、絶えず西洋のアカデミーによってこそ認知され正当性を付与されるものなのである。カーンは自己の意図に反して、非西洋社会の女性に関するマスター・ナラティヴを作りだす共犯者になっていく矛盾について論じているが、筆者もこのような経験を共有している（Kahn 2005：2023-25）。

これに対し、自発的に善意から、欧米の研究者に対してリサーチアシスタント的な職分を引き受ける「ネイティヴ研究者」のケースにも遭遇したことがある。さらにこの種の非対称的な力関係を見ないままやり過ごすことも日本のアカデミズムの世界では十分可能であろう。言い換えれば、酒井直樹やレイ・チョウなどの西洋社会の非西洋の知識人が共有する問題意識は、日本ではかなり特殊化されたマージナルなものと見られる傾向がある。しかしこのような日本のアカデミズムの世界の閉鎖性はこれからますますグローバル化していく日本研究の場において良い結果をもたらすとは思えない。さらにこの種の知的搾取の構造の中ではいうまでもなく日本の研究者が加害者側にまわることもある。台湾や韓国や沖縄などの「現地の知識人」を便利なインフォーマントとみなして自分たちと対等な存在としては接しないというような振る舞いはないだろうか。アジアの研究者に対し日本の研究者たちが結果的に植民地主義的な権力を行使してしまう可能性も同時に問題にされなくてはいけない。

ここで述べてきたような地域研究をとりまく窮状について、非西洋と西洋の研究者たちの「対話」が両者を隔てる溝を埋めるのだ、という牧歌的なヴィジョンもまた可能であろう。しかしおよそ対話というものは透明な場所でおこなわれるのではなく、権力関係から自由なわけではない。最初から対話のアリーナに参入する機会を奪われている者たちの存在や、対話をいったいどちら側の言語でおこなうのかという問いは、見過ごすことはできないと思われる(5)。

描かれる日本人女性

次に、西洋女性に対置される非西洋女性の差異の実体化として描かれる日本人女性像について焦点をしぼって論じていく。第一に表象の場における日本女性の立場は複雑でとらえがたいものである。なぜならそれは、経済的には第一世界、しかし人種・エスニシティでは非白人のカテゴリーに入れられるからである。この意味で日本女性の立場性は第一世界と第三世界の「はざま」にあるといってよい。だがこの複雑な性質は矮小化されることが多い。例えば、日本をアジアの一部ではなく第一世界の富める国とみなしたうえで、日本人女性を西洋による抑圧的な表象とは無関係な存在であるかのようにあつかう場合がある。第三世界のフェミニスト知識人の論客であるチャンドラ・モハンティも、日本については、資本主義勢力としてアメリカ、ヨーロッパと同列において語ってしまっている(Mohanty 2003: 505, 528)。少なくともここでのモハンティには日本女性がおかれた複雑な立場性は見えていない。

また日本女性の側にも、自己を過度に第三世界の女性と同一視し、彼女たちのリアリティから乖離した第一世界批判の表象の議論を展開するケースが見られる。あるいは反対に、自己を第一世界のフェミニストたちと同一化したうえで、第三世界の女性に謝罪し、彼女たちを「救おう」とする場合もある。第一世界にも第三世界にも厳密には属さずそのはざまにある日本の女性研究者の立場性は一種のあやうさをともなっている。

さらに、西洋社会の人類学者は、「日本」をそれほど希少価値があるフィールドとはみなしていない、といわれる点も見過ごせない。これは日本が西洋に酷似していて、人類学者を魅惑する研究対象にはなりにくい、という意味である（Robertson 2005: 4）。しかし、日本が彼らにとって、まったくエキゾティックに見えないというわけではない。地域研究において、「エキゾティシズム」はジェンダーと結びつけられることが多く、日本も例外ではない。「日本」が「日本人の女」と呼ばれる対象に姿を変えると、突如それは西洋社会を魅了してやまないエキゾティックな「他者」として描かれることになるのである[6]。

このエキゾティックな「日本人女性」は、今日にいたるまで、プッチーニの著名なオペラ「蝶々夫人」に描かれる、不実な白人男性のために愛と命をささげる、従順で可憐で無力な日本人女性によって代表されてきたといえる。このように描かれる日本人女性は、西洋の男性にとって、雄雄しく権威に満ちた存在としてのアイデンティティを獲得するための「他者」であるという（小川 二〇〇七：八）。さらに重要なのは、日本人女性とは、西洋人の女性にとって男性に従属しない自己決定権をもった西洋人女性としてのアイデンティティを確立するための「他者」であった。か弱い日本人女性を日本人男性による性支配から救いだす庇護者としての「西洋人男性」と、従順な犠牲者ではない自立した女性としての「西洋人女性」を実体として主張するには、「西洋」に対峙する鏡像的な存在としての「日本人女性」が作りあげられなければならなかったのである。つまり、「日本人女性」は、

「西洋人女性」に真っ向から反する他者としての役割を求められたといえる。そして、この「他者」像は均質化されたものでなくてはならず、このイメージに合致しない日本女性像（例えば、日本人女性のフェミニスト宗教学者）は、異質なものとして却下されてしまうのである。

エドワード・サイードは古典的名著『オリエンタリズム』の中で、西洋の近代文化は自己を構成し定義するために、エキゾティックな「他者」あるいは鏡としての「東洋（オリエント）」を必要とした、と述べている。端的に述べれば「オリエンタリズム」とは、西洋が東洋を服従させ西洋の意思のままの「東洋」という他者像を作りあげる思考と支配の装置である。この下で東洋は、西洋とはまったく異質な劣った他者として、西洋が自らの内部にかかえているが否定したいと願うネガティヴな属性（未開、非合理、受動性、官能的など）を押しつけられることになった。

西洋によるオリエンタリズムのまなざしは、「日本人女性」を土着の家父長制の受動的な犠牲者と見定める。「西洋人女性」に対置される「日本人女性」の像は、実体化されて作りだされていくが、蝶々夫人のように、男性の性的欲望と支配欲に服従する、自己の意思や抵抗する術をもたないエキゾティックな女性像がいまだ主流である。いっぽう近年の人類学とその隣接分野では、高度先進国日本の女性の際立った他者性を、しばしばセンセーショナルな性的イメージを使って描く研究が増えているという指摘がある（Kato 2007）。たとえば、日本人女性を、日本人男性による抑圧からの解放を白人男性に求めて、彼らをエロティックな欲望の対象として渇望する存在として描く研究が注目を集めている。[7] また西洋の女性は「女性は本質的にレイプされることを望む」という神話を覆すために長年努力してきたはずだが、日本人女性の場合は、この神話が妥当性をもつかのように描かれることがあるという。西洋社会の女性が否定したいことが日本人の女性には押しつけられてしまっているのだ。あるいは後述するように、日本人女性を、男性支配と暴力の犠牲者で、生殖能力を管理する術をもたない無知な存在と描く研究も存在する。このような描かれ方は、犠牲者としての日本人女性（あるいは非西洋社会の女性全般）がかかえる問題は、力を有する西洋社会の女性とは無関係な、遠くの遅れた他者の問題であると視野の外に押し出すのと同じである。ここには、日本人の女性が経験する抑圧や暴力が実は西洋社会の中にも存在する、という共有性が見られない。

コロニアルフェミニストのまなざし

抑圧された女性たちが自らの歴史を作りだす創造的主体であることを否定し、彼女たちの声を代弁して表象したり、あるいは強制的に語らせたりする語りをコロニアルフェミニストのマスターナラティヴと呼ぶことができるであろう。この特徴は、彼女たち以外の女性たちを、行為主体ではなく受動的犠牲者として固定化された役割に封じこめてしまうことである(8)。欧米のフェミニスト言説が、このマスターナラティヴの呪縛から自由にならないかぎり、従属的に見られてきた非西洋女性の主体は理解されえない。

この一例として、欧米における日本宗教と女性研究の第一人者といわれる、ハーヴァード大学のヘレン・ハーディカーによる『日本の祟る胎児の商品化』（Hardacre 1997）をとりあげる。まずハーディカーは、イスラーム社会の女性たちはファンダメンタリズムの男性支配型イデオロギーによって自らの生殖にかかわる自己決定権をうばわれ家庭内で自己犠牲を強いられている、と述べる。そればかりか彼女たちは、西洋のフェミニストたちとの連帯を、「帝国主義に騙される愚か者」と呼ばれることを怖れて拒否しているという（Hardacre 1993 : 144）。さらにハーディカーは、日本の新宗教の多くがこの種のファンダメンタリスト的宗教の特性を共有するため、新宗教教団の保守的なジェンダーイデオロギーは、女性を男性に従属させる機能を果たし、結果として女性たちは宗教の家父長制的因習の中で男性たちの共犯者となっている、と論じている（Hardacre 1994 : 113, 131）。ハーディカーは、このような傾向が中絶をめぐる問題に特化すると述べ、西洋社会の女性と比較した非西洋の女性たちをあたかも、自己のセクシュアリティを決定する手段をもたない異質な他者であるかのように描いている（Hardacre 1993 : 130, 143）。

ひと言でいうとハーディカーの論点とは、水子供養は日本の社会に広く流通する性差別的なジェンダーおよびセクシュアリティのイデオロギーの産物にほかならず、この中で日本の女性たちは、商品化された胎児の祟りにおびえるのみで、彼女たちをとりまく抑圧的な性文化と交渉したり、その文化を支配する男性たちに抵抗する能力をもたない、というものである。つまりここに見られるのは、「逸脱／侵犯、暴力、危険をエロス化する」日本男性（Hardacre 1997 : 150）と、その受動的な犠牲者あるいは無自覚な共犯者としての日本女性の姿である。

ハーディカーのテクストは、実際のフィールドワークにもとづくデータを反映しているようには見えない。たとえば筆者は、友人の女性僧侶たちから、女性が男性とともに供養を依頼しに来るケースや、女性が（男僧ではなく）「尼僧さん」に供養してもらってよかった、と安堵して帰るケースがあることも聞いている。ハーディカーの研究が、日本の女性たちが様々な動機づけから供養をおこなう実態を無視して、女性たちと水子供養のかかわりを一義的に解釈したことに対して、欧米の宗教学者からも批判の声がいくつかあがった。いっぽう、彼女が提示した抑圧的な日本女性の表象に「フェミニスト」の立場からの賛同も寄せられた(9)。しかし、男性支配のシステムに一方的にとりこまれる無力な日本の女性たちに向けられたハーディカーのまなざしは、自らが属する西洋社会への再帰性を欠いていると思われる。実際、欧米の仏教徒たちのあいだでも、中絶や死産を経験した女性と家族が感じる悲しみや喪失・罪悪感を癒すために、地蔵菩薩を中心にすえた供養儀礼が盛んになってきているという（Seager 2011：16）。それにもかかわらず、日本女性の性関係や中絶をめぐる問題は、「我々西洋の女性」から切り離された遠くの女性たちの問題として差異化され、西洋社会の女性もまた同様の抑圧に苦しんでいるのかもしれないという「共通の差異（common difference）」は省みられることがないのである（Mohanty 2003：523）。

しかし、このような架空の分断線を引いたうえで、異質な他者である女性のイメージを過剰に生産することの正当性こそが問われるべきであろう。それと同時に、「描かれる日本人女性」への異議申し立てにあたっては、日本社会の性支配と暴力が、批判され修正されるべきものとして存在することもまた省みられなくてはならないのである。前述のように、ハーディカーは、支配的な性文化言説のなかに見られる日本の男女関係について、日本の男性を、逸脱、侵犯、暴力、危険をエロス化しそれらに性的快楽を見出す無慈悲な抑圧者として描いている。筆者が問いただしたいのはこのような日本の男性性（masculinity）についての表象を目の前に突きつけられたとき、当事者であるはずの日本の男性研究者たちはどのように反応するのだろうか、ということである。つまり、無力な犠牲者としての日本人女性の表象と無慈悲な加害者である日本人男性の表象は表裏一体なのであるが、日本の男性性に関するこのような表象の流通が妥当なのかどうか、という問いは自らに向かって投げかけられたものと受けとめられているのだろうか。この問題を男性研究者がまったく当事者性をもって考えられないのであれば、日本の社会で女性たちが経験するさまざまな抑圧の問題も一様に見えないものにされてしまうのではないか。

これまで論じてきたことは、フェミニズム研究の窮状やその理不尽さを暴くことを最終目的としているのではない。ましてや、内部に位置するものの視線の特権化、いわゆるネイティヴ至上主義の主張でもない。「女性」同様、「ネイティヴ」というカテゴリーの均質性にも亀裂が入り、その内部に様々な差異をかかえていることが明らかになっている今、一元化された「ネイティヴ女性」の権威の特権化は幻想にすぎない。そうではなく、特殊化された政治的意図にもとづくフェミニズムが日本の宗教と女性に関する新たなオリエンタリスト的表象を生みだしてしまったことを問題化したいのである。もし民族誌的フェミニズムを実践したいのであれば、求められるのは自らの語りの権威を絶対化しない自己言及性や他者のまなざしへの応答責任であろう。つまり研究者としてのポジションを特権化せずにフィールドの女性たちと同じ水平面に身をおき、彼女たちの見返す主体としての視線に真摯に向き合う姿勢である。自らの語りの正当性を問いただすことが、ためらいや居心地の悪さをともなうとしても、である。この問題には、本章の後半で再びふれることになる。

すでにポストモダン人類学の古典となった、クリフォードとマーカスの『文化を書く』を、フェミニスト的批判を通して改訂することを試みた『文化を書く女性』の編者のひとりのデボラ・ゴードンは、民族誌の書き方について、「誰が読み、誰が書き、何の目的でどのような効果をもたらすのか」という問いがあらたに問い直される必要性を説いている（Gordon 1995：386）。これは誰のために、どこから、何に向けて書くのか、の問いであるといってよい。民族誌の中にフェミニズムを具現化するためには、「観察され表象される客体としてのネイティヴ女性」と「観察し表象する主体としてのフェミニスト研究者」という二分法に安住することはもはや妥当ではない。「我々」と「彼女たち」とは完全に分離できるものではなく、今や「我々」も「彼女たち」に見られているのである。今まで「どこか遠くの女性たち」であった人々が、エスノグラファーの解釈を検証したり反論を試みたりする「見返す主体」として異議申し立てをおこなう可能性に絶えず目を開けておくことが必要である。このネイティヴのまなざしによる覚醒が、民族誌的フェミニズムに生命を与えるための倫理的必然なのである。もうひとつ重要なのは、どこか遠くの女性たちについての書きこみを行うとき、それが彼女たちを何に向けて救おうとしているのかが、問われなくてはいけないということである。アブ＝ルゴッドが指摘するように、西洋社会の優位性の意識に依拠したうえでそれを補強し、「彼女たち」を「我々」に一致させ一体化させるために救うことはもはや許されない[10]（Abu-Lughod 2002：788-789）。

現在、非西洋系のルーツをもつ女性研究者たちからの異議申し立てが、宗教研究の分野でも始まっている。その中心である香港出身のクォク・プイランは、どこか遠くの「褐色の肌の女性を救おうとする」営みよりも優先されるべき課題は、「第一世界」の女性が自らを無知の状態から救い、脱植民地化させることである、と論じている（Kwok 2002：79）[11]。彼女は異議申し立ての困難さを充分自覚しているがゆえに、この営みが纏足《てんそく》を解くのと同じくらい長いプロセスになるであろう、と述べている。これは、西洋の女性たちが自己を見つめることによって、自らの所属する西洋社会への再帰性を得ることである（Bulbech 1998：84）。つまり、自分たち以外の女性が抑圧や暴力に苦しむ事実を、どこか遠くの問題と他者化するのではなく、我々自身も同様の経験をしているのだという覚醒を得ることなのである。コロニアルフェミニズムのマスターナラティヴの中で一方的に作りあげられた日本女性の宗教的主体の表象が流通することへの異議申し立てと、それに代わるものを提示する作業は容易とはいえない。しかし、地域研究がますますグローバル化していく現在、前述のように、「表象される客体としての女性」と「表象する主体としてのフェミニスト研究者」という二分法に安住することは許されないであろう。(12)

誰のためのフェミニスト・エスノグラフィーか

ここで再び、民族誌的フェミニズムの問題に立ち戻ってみたい。本来、研究者としての特権をもつ者は、研究対象と安易に同一化しそのすべてを感知し代弁できるという思い込みに対して内省的になり、自己が描く他者表象の不安定さを省みることが必要なはずである。しかし社会の中でマジョリティの側に立つことに安住している研究者においては、多くの場合このことが忘れられているように思える。

『ジェンダーで学ぶ宗教学』の共編者である田中は、「宗教学者は、宗教と排除されている人々との間に立ち、既存の宗教への働きかけと宗教学そのものの変化のエイジェントとしてふるまうべきではないだろうか」と述べている（田中　二〇〇九：五二）。また、第一章の冒頭で引用したカン・ナムスンは、フェミニスト神学者は現実の世界の問題から目をそらすことなく、弱者や言葉をもたない者たちと同じ側に立って社会批判をしていくことを職業とすべきだ、と強調している（Kang 2012：123）。この主張は、仏教教団でジェンダー平等を求める女性たちの運動にコミットしながらそれについてフェミニスト民族誌を書く筆者の立ち位置に対しても、重要な問いを投げかける。仏教界のジェンダー平等について語りたいのであれば、自分がどのような立場から、誰に向けて、何のために語っているのか、再考することが求められる。これにはすでに述べてきたように、他者に属する語りを自分たちの所有物にしてしまうことを戒める自覚が必要である。

筆者は、仏教界の女性運動のスポークスパーソンではない。次章でも述べるように、緩やかな連帯をもつ女性たちのネットワーク活動は、連絡係や世話人はいても代表はおいていない。そこには、草の根フェミニズムの女性たちの運動同様、誰によっても代表されず誰のことも代表しない、という理念を見ることができる。この「代表」とは「代弁」と言い換えることができる。筆者は、仏教教団の女性が経験するさまざまな抑圧や困難の部分的当事者ではあっても、それらの代弁者ではありえないのである。ゆえに、自己の役割は、「女性たちが交渉のアリーナに参入するための手伝いであり、筆者がめざすフェミニスト・エスノグラフィーは、（筆者も含めた）女性たちの『解放を支える語り』にほかならない」ということを一貫して主張してきた（川橋、黒木　二〇〇四：一〇三）[13]。ただし、解放につながる民族誌が唯一の真正な語り、あるいは正しい実践モデルであると主張しているのではなく、筆者のおかれた立場性の中からこのように語っているのである。

前述したパキスタンのカーンは、彼女の立場について、母国で特定のイスラム法によって人権侵害的抑圧を被る女性たちの経験を「ネイティヴ・インフォーマント」として語ると同時に、それについて西洋で書かれたものを読みこむことの両方の役割をもつ、と記している（Khan 2005：2018）。カーンはその際、女性の抑圧に関する研究が、研究される対象である女性たちの抑圧的な状況を変革するような知識であることを提唱する。そして、このような協働作業が、オリエンタリスト的見方にも土着の家父長制の擁護にもつながらないフェミニスト的連帯を生みだすであろうと述べている。

もうひとつ、筆者が深く共感するフェミニスト・エスノグラフィーの事例を紹介する。ネパールの女性運動を研究するエリザベス・エンスリンは、ネパール人と婚姻関係にあり、この女性運動の担い手でもある西洋出身の女性人類学者である。これは、筆者ときわめて似た立場といえよう。彼女は外国人研究者としての彼女自身の特権化された立場に自覚的であり、運動のスポークスパーソンではなく、運動を間接的に支持する立場をとっていることを強調している（Enslin 1994：551）。彼女は、ネパール人家庭に義理の娘として受け入れられていても、自己と他のネパールの女性たちのあいだに横たわる差異にきわめて内省的であり、フィールドの女性たちとの同一化を疑問視している（Ibid.）。自らが書くエスノグラフィーがどれだけ対話的（ダイアロジカル）で協同的（コラボレティブ）であっても、フィールドの女性たちと完全に共有できるものではない、というアイロニーは見据えていかなければならない、ということをエンスリンは自覚している（Enslin 1994：551-552）。それは彼女が書くテキストの中のさまざまな学術用語がフィールドの女性たちの言語世界の一部ではないからである。

同様の経験を、茶道を学ぶ日本人女性たちの世界をフィールドとするネイティヴ人類学者の加藤恵津子は、研究者として彼女が使う特異な語彙は、「現地の人びとにとって、『自分たちのとは違う言語』で書かれた、自分たちが知っているのとはまったく違う『自分たち像』なのである」と述べ、同郷の人々（つまり、茶道界の女性たち）からはかならずしも歓迎されなかった経験を語っている（加藤二〇一〇：一三一）。

コロニアルフェミニズム批判の議論が示すように、普遍的な女性の経験にもとづく単一のフェミニズムというものは存在しえない。フェミニスト人類学は、「女性」というカテゴリーがさまざまな差異を内包していることを明らかにしてきた。ひと言で述べると、女性を対象にしておこなった研究は、研究者が女性であるという事実そのものによって解釈の妥当性を保証されることはない。筆者はフェミニスト・エスノグラフィーの限界についてはすでに詳しく考察しているのでここではその要旨を述べるのみにとどめたい(14)。

もっとも重要なことは、すでに古典ともいわれるステイシーの議論（Stacy 1988）が示すように、研究者と研究対象の女性たちが「女性」というジェンダーを共有するがゆえに、両者のあいだに共感や相互性が存在すると想定するのはナイーヴすぎる、という点である。むしろ、さまざまな差異を覆い隠すことにより、女性による女性への搾取が見えなくなる危険性がある。女性同士が普遍的な経験を共有するというのは幻想でしかなく、人種や民族や階級が複雑に交錯する場から切り離された単一の女性のアイデンティティを想定すれば、そのことが語ることのできない女性たち生じさせてしまうのである。その場合、差異を消去する力をもつのは強者の側に立つ女性たちである。また、エスノグラファーが書くテキストは、フィールドの女性が提供した知識を彼女たちが想像もしていないようなゴールのために利用しているのかもしれず、テキストの中ではどのようにも処理されてしまう（Abu-Lughod 1993：36；Stacy 1988：23）。またブルームは、エスノグラファーと他の女性たちとの同一化が女性間の力関係を不可視にしてしまうと述べている（Bloom 1998：55）。このように、フェミニスト・エスノグラフィーを書くことは、ためらいやあいまいさを孕み、同一化や一元化を否定する。しかし、すでに述べてきたように、他者のまなざしに応答して自己の立つ場と自らの語りの権威の正当性を内省的に見つめ直すことは、倫理的必然といわねばならない。

たとえ「ネイティヴ人類学者」（あるいは宗教学者）であっても、フィールドの女性たちと研究者である自己との完全な同一化は幻想でしかありえない。彼女たちを自己から切り離された異質な他者と見るのでもなく、また「同じネイティヴ女性」として完全に同一化するのでもなく、「部分的同一化」に足場をおくことから始めなくてはならないのである。さらに女性たちの解放のあり方を一枚岩であるかのようにエスノグラファーが規定してしまえば、すでに見たコロニアルフェミニストの企てと同じ過ちにつながってしまう。しかし、女性の経験の普遍性と女性間のシスターフッドの神話が崩れて、人種・民族・階級・性的指向などのさまざまな差異が主張を始めたとき、それは差異に拘泥するあまり他者との連結や連帯がまったく不可能になることを意味するのではない。またこのような批判的考察は、もっとも抑圧を受ける者を美化あるいは特権化する「抑圧のピラミッド」作りをめざしているのでもない。まして、ピラミッドの最下層にいる彼女たちこそが真正に語る権利をもつと主張するのではなく、女性たちを規定するさまざまな権力のヒエラルキーを批判的に見ることが重要なのである。

それでは、研究者である筆者と運動の中の女性たちとの連帯があくまでも部分的な同一化にもとづいたものであるとき、課題と問題の共有はいかに可能となるのか。

代弁者ではなく、こだまとなること

速水は、エスノグラファーはフィールドワークを始めた時点ですでに現地（現場）に介入している、と述べている（速水 二〇〇六：四七四）。しかし、すでに論じてきたように、フェミニスト・エスノグラファーは往々にして、女性であることを担保に「自らの行為が『介入』ではないかのごとくにふるまってきたのである」（速水 二〇〇六：四八〇）。本章の前半で述べた、テキストの書き手としての自らの権威を絶対化せずに、彼女たちのまなざしに真摯に応答して、ともに語りを形作っていくことはどのようにすれば可能であるのか。

アメリカで活動する韓国人のフェミニスト神学者のチョン・ヒョンギョンは、アジアの知識人女性の神学者たちは、「自分たちの共同体の貧しい女性たちとの関係において、自分たちの特権と責任をいっそう批判的に自覚するようになるために神学している」と述べている（チョン 二〇〇七：二二三）。マジョリティの場近くに位置する女性は、自らの立場性に内省的になり、同じような特権を有していない女性たちの声に応答し連帯していかなくてはならない。チョンは、このような連帯の可能性を「こだま」のヴィヴィッドなイメージで表している。こだまは元の音を変えることはなく、その音を反響させるという。チョンは、「こだま」は沈黙させられた女性たちの声を反響させ彼女たちの叫びの証言者となる役割を果たすと論じている。(15) さらに彼女は、「アジアの女性たちは、相互にこだまとなることによって、沈黙を打ち破り始めた」と述べている（チョン 二〇〇七：二二四）。また、香山洋人は韓国の民衆神学者の徐南同《ソ・ナムドン》による「神学するとはこだますること」という議論を紹介し、「こだま」は語り手の声そのものではなく、原初の発話への反響として生じたもの、と述べている（香山 二〇一〇：二四）。

それでは、筆者の語りは仏教界の権力構造を多少とも揺るがすような「こだま」になりえるのだろうか。筆者自身の役割について考えてみたい。医療人類学者の宮地尚子は、研究者や専門家の役割のひとつとして、「聞く能力を持った受け手を作ること、弱者が自由に語ることのできる場所や媒体を提供したり広げること」をあげているが、この役割も「こだま」の概念と呼応していると思える（宮地 二〇〇七：一九八）。すでに述べてきたように、ネイティヴの研究者は、書く者と書かれる者との間の権力関係から生まれる「他者からまなざされる感覚」に敏感である。そうだとすれば、筆者ができることは、コロニアルフェミニストたちのような、ネイティヴ女性たちのまなざしに応答しない「超越した観察者」としての立場からではなく、当事者である女性たちとの部分的同一性の中で、「こだま」となってより多くの女性たちが語れるように場を広げ、問題の共有を訴えていくことであろう。つまり、仏教教団の差別的な事象の部分的当事者として抵抗や告発の声をあげていきながら、その語りを占有せずに課題の共有へとつなげ、他者との連帯を探っていくことではないかと思われる。女性たちの抑圧や差別の経験との部分的な同一化の中で、当事者や実践者でもあり、彼女たちの語りの聞き手や読解者でもあり、またそれらを外部に伝える伝達者や書き手でもあるような、多面的な存在としてのネイティヴ・フェミニスト・エスノグラファーということができるのではないか。[16]

仏教教団では多くの場合、女性たち自身の声は矮小化され、軽視されてきた。筆者は、行為主体としての女性たちを無視して仏教界の性差別問題を論じていくことは許されないということを、女性たちとの運動と自身のテキストの両方を通じて主張してきた。次章では、女性たちをとりまく状況が二〇〇四年からどのように変化しつつあるのか、彼女たちの語りに耳を傾けつつ、それと共振する「私」の語りを書いていく。

＊本稿は川橋（二〇〇三）に大幅に加筆修正したものである。また一部の記述は川橋（二〇〇四c、二〇〇七b、二〇〇九）と重複する。

Ⅱ

第三章　妻帯仏教の背景

筆者はここで、部分的当事者であり読解者・伝達者でもある位置に立って、ジェンダーの視点から仏教を再想像する、現在も進行中の運動について考察していく。現代の日本社会ではさまざまな領域でフェミニズム運動が実践され、それに関する研究も多い。第Ⅱ部で展開されるのは、これまでほとんど存在しなかった、宗教界のフェミニズム運動に関する民族誌的記述である。このような運動は仏教界の男性中心の権威構造の脱中心化と見ることができるが、その背景には日本の伝統仏教教団が女性僧侶や僧侶の配偶者や女性信者を含めて、女性たちを教義と制度の両方において周縁化してきた事実がある。

問題の背景

現代日本の仏教を語るとき「妻帯僧侶」の存在とそれにともなう世襲仏教の定着化の事実を外すこ

とはできない。たとえば、ブータンは大乗仏教を国教とするが、僧侶はすべて出家主義を実践し妻帯せずに僧院で集団生活をする。ブータンの仏教に詳しい今枝は、妻と家族をもったら僧侶ではない、普通の在家信者とどう違うのか、という問いが日本の僧侶に対して投げかけられたことを記している（今枝　二〇〇五：八五）。僧侶の婚姻（clerical marriage）は、仏教僧侶として戒律を自己の生活にどのように反映させるか、という問いと本来は切り離せないはずである。厳密にいえば出家の僧侶が性行為を含む結婚生活を営むことは、仏教の戒律によって禁じられている。在家の仏教者が守るべき五戒は、一生の間「不正な性行為」をしないことを定めているが、出家僧の生活においては、性行為そのものから離れることを誓わなければならない（佐々木　一九九九：五七―六七）。後述するように、一八七二年（尼僧の場合は一八七三年）の政府の布告によって、世俗的な国法では僧侶の婚姻が認められたが、これは世界の仏教史上でも特異な例である。[1] たとえば谷川は、この太政官布告第一三三号の肉食妻帯の解禁が僧侶の「俗人化」であったことに着目し、これ以降「僧尼の生活規範は大きな変化を蒙ることになった」と述べている（谷川　二〇一一：三九）。しかし伝統的な仏教教団は（後述の浄土真宗を例外として）意外なことに現在でも「出家主義」を理念とする出家教団を名乗っている。事実、僧侶の婚姻は宗教活動の一部として公認されているわけではない。この事象を筆者は、結婚生活の現実を教義上の戒律遵守で覆い隠した「虚偽の出家主義（fictitious celibacy）」と呼んだ（Kawahashi 1995, 2003）。

この問題は近年欧米の研究者たちのあいだでも関心をよんでいる。たとえば、現代の天台宗寺院を研究するコヴェルは、筆者の論点を「偽装出家主義（fake world- renouncerism）」と言い換えて、僧侶の出家の理念と現実の在俗的な生活との間の矛盾や葛藤について考察している（Covell 2005：109-39）。

同様に、ボラップは厳しい出家主義の理念で知られる臨済宗妙心寺派における僧侶の妻たちの従属的位置づけにふれ、僧侶たちが伝統的な出家主義の象徴であろうとすることと実際には家庭生活を営んでいることとの間の緊張関係を論じている（Prohl and Nelson eds. 2012）[2]。またチルソンも、現代仏教に関する論集の中で、現代の日本仏教がかかえる三つの難問のひとつに、カルトや葬祭の変化の問題と並んで僧侶の婚姻と寺院の世襲化から生じる問題をあげている（Chilson 2012：63-64）。さらにリーダーは、僧侶が妻帯し家族をもつことの帰結として、僧侶がもはや在俗の人と峻別できる精神的な存在ではなくなり、一般人と同じように消費文化を享受しそれと同一視されていくことになった、と厳しく指摘している（Reader 2011：246）。

第一章で引用したスポンバーグが述べるように、仏教がもつ禁欲的女性忌避は女性を排除し周辺化する大きな要因である。たとえば末木文美士は、仏教教団は「性と生殖の忌避の上に成り立つ」ものであり、ブッダが母親の右脇から生まれたという説話にもそれはあらわれている、と述べている（末木　二〇〇四：七―九）。いっぽう田中雅一は、禁欲主義が内包する反女性的性質にふれ、性差別の克服にあたって、「妻帯」を許し非禁欲的であるはずの日本仏教のあり方に注目している（田中　二〇〇八：二三二―二三四）。しかし、ここで問題となるのは、日本仏教においては「妻帯僧侶」の存在が公認されているにもかかわらず性差別が存在する事実である。つまり、性差別克服の障害としての禁欲主義がもつ問題が、いわば不可視になっているのである[3]。このような状況がジェンダーの問いが積み残されたままであることに起因するのはすでに述べたとおりである。

本章と次章では、約一万四五〇〇の寺院数と一万六〇〇〇人を超える僧侶を有する日本最大の伝統仏教教団である曹洞宗における「出家主義」の理念と男性僧侶の婚姻の事実との間の葛藤にフォーカスし、もともと僧侶が「妻帯」する伝統をもつ浄土真宗との比較をとおして論を進めていく。仏教教団における性差別を論じる際、男性僧侶の配偶者をめぐる問題は個別的すぎる事象のように見えるかもしれない。しかしこの問いは、現代の仏教教団が自己のあり方を省み平等という宗教的理想を取り戻すひとつの道を具体的に明らかにするであろう。

　曹洞宗の僧侶である山内舜雄は、出家主義に依拠する宗学に対して現実の寺院生活に立脚した「在家宗学」の確立を提唱したことで知られる（山内舜雄　一九九〇）[4]。近年山内は、男性僧侶が「妻帯」して家庭をもったことは、後述する僧侶の配偶者をさす「寺族《じぞく》」をとりまく問題群である「寺族問題」と形を変えて、宗門最大の難問になっている、と看破している（山内　二〇〇九：二六二）。また、中村生雄も、「肉食妻帯勝手」の太政官布告は単に僧侶の問題にかかわるのでなく、その配偶者である「寺族」の問題にかかわる問題なのであると述べている（中村　二〇一一：一六八）。中村の僧侶の妻帯に関する優れた研究は彼の逝去後に三浦佑介によってまとめられ出版されたが、三浦はあとがきの中で、日本仏教における「ある種のうしろめたさ」としての「妻帯」の問題をうやむやにすることに中村が疑問を抱きつづけていたと述べ、それは現場の僧侶たちにとっては「今でも触れることさえはばかられる大きなタブー」であると記している（中村　二〇一一：二七七）。ちなみに、二〇一二年は一八七二年の政府による肉食妻帯の布告から一四〇年目にあたる。一四〇年の時間を経てもなお、この難問は解決にはほど遠く、さまざまな声がせめぎ合う場になっているのである。

　実際、二〇一一年の七月にはある曹洞宗の男性僧侶が、曹洞宗の大本山である永平寺を提訴する事件が起きた。この僧侶は、妻帯は戒律上の大罪であり、この指導を怠る永平寺は本来の僧侶育成の義務を怠っていると主張したのである。これに対して、福井地裁は信教の自由の見地から提訴を却下した。この事件をめぐって、『月刊 寺門興隆』誌は各宗派の「有識者」に僧侶の妻帯の可否に関してコメントを求めたが筆者もそのなかのひとりであった。この提訴の詳細が不明であったため当初は断ろうと思った依頼を承諾したのは、僧侶の妻帯問題は配偶者である女性にかかわることであり、当事者である女性がひとりも意見を述べないのはおかしいと思ったからである。事実、後日誌面を確認したところ、筆者以外の他の六人の執筆者はすべて男性であった（『寺門興隆』二〇一一年一二月：一四―一五）。筆者のまわりでもこの提訴に関しては不可解あるいは取るに足らない事件という見方が多かったが、このような疑義が一僧侶から呈された背景に横たわる問題を考えることは重要である。

宗教界のフェミニズム運動

蓑輪顕量は、「出家」とはそもそも家を出て家庭の生活やカーストの制約から離脱することを意味するのであって、「出家僧の妻帯」という言葉自体がすでに矛盾を含んでいると述べている（蓑輪 二〇〇六：八五―八六）。僧侶の婚姻をはじめ寺院と家庭とが重なる現場で起こるさまざまな問題を、教団構成員の半数を占める女性たちの存在抜きに語りえないのはいうまでもない。筆者の場合、夫が曹洞宗寺院の住職であるため自身を曹洞宗教団の構成員ということができるが、このような問題について発言するようになったきっかけはきわめて偶発的なものであった。曹洞宗の教団広報誌である『曹洞宗報』の一九九四年の九月号は「寺族百年の軌跡」と題する特集を組んだ。この特集の冒頭は「曹洞宗は出家教団としての宗旨に立脚しながらも現実の寺院生活では僧侶の結婚が当然とされる。ここに『寺族』の問題がある」という文章で始まり、この問題は宗門の人権問題として「宗旨のみならず宗教の本質にまでかかわってくる」宗門がかかえる「最重要課題である」と書かれている。(5) この特集に、僧侶の配偶者で研究者でもある「変わった寺族」(研究者である男性僧侶は非常に多いにもかかわらず)の立場から「寺族は宗門に何を望むか」という提言を書き、翌月の誌上討論会に参加するように求められたのがそもそもの始まりである。その後、教団内でのこの問題への注目度が増したこともあり、寺族や僧侶対象の研修会、教化センターのシンポジウム、青年僧侶や教団の議員の大会などで講演する機会を得た。それと平行して、教団の枠をこえて浄土真宗の大谷派と本願寺派や日蓮宗などの、他の伝統仏教教団の研修会や講演会に講師として招かれたことは、この問題がひとつの宗派に固有のものではなく広く伝統仏教界に共有されるものであることを明白にした。このような活動をとおして、仏教教団の現状に疑問をもつ女性たち(男性も含まれるが)とさまざまな場所で出会い、ともに活動するようになったのである。以来、ジェンダーの視点から現代日本の仏教教団の閉塞状況を照射する、教団を越境する女性たちのネットワークに発起人のひとりとして参加している。(6)

一般社会のジェンダー意識の変化には遅れをとりながらも、宗教界の女性たちが自己の問題として性差別と向き合い、異議申し立ての声をあげ教団改革にむけて行動する運動が現代日本の社会にも存在する。そのパイオニアのひとつが奥田暁子と岡野治子が中心となり一九八六年から一七年間にわたって会報『Womanspirit』を刊行しつづけた「フェミニズム・宗教・平和の会」であった。東京で開かれていたこの会はどちらかというとキリスト教界の女性たちが多く参加していたように思うが、そのなかで出会った、仏教に関心をもつ女性たちが自分たち自身もネットワークを立ち上げようと思うようになり、小さな勉強会を始めるようになった。これがひとつのきっかけとなって、一九九六年から翌年にかけて、東海と関東地方で、僧侶の配偶者、女性僧侶、この両方を兼ねている者、特定の教団に所属していない女性仏教者たちが参加する超宗派の「女性と仏教　東海ネットワーク」と「女性と仏教　関東ネットワーク」がそれぞれ発足したのである。[7]

「東海ネットワーク」の第一回目の会合は、朝日新聞の東海版（一九九六年五月二八日付）に、「寺の性差別問い直す動き・東海地方の女性仏教者宗派超え連帯」という見出し付きでとりあげられた。メンバーは自主的に組織した勉強会や、その成果の出版、情報交換などによって、さまざまな角度から女性の参画の場を増やし、現代仏教をジェンダー平等的に作り直すことを目的に活動している（川橋、黒木　二〇〇四：八五―八七）。ネットワークの活動は、女性たちの経験に即して従来の男性中心主義的な仏教史や教義を読み替え、再想像された仏教のヴィジョンを提示することをめざしているという意味で、第一章で述べたカトリック、プロテスタントさらにユダヤ教徒の女性たちが、ユダヤ・キリスト教の伝統内の性差別克服に協力して取り組むフェミニスト神学の運動と呼応するものがある。さまざまな立場から活動に参加する女性たちに共通するのは、主体的に仏教または寺とかかわって生きていくことを選んだ点であり、活動のめざすところは単なる仏教批判に終わるものではない。しかし、男性の僧侶あるいは研究者がジェンダーの視座からの仏教改革運動に拒絶反応を示す場合、女性たちの批判が仏教の性差別の糾弾のみを目的とし、仏教そのものを全面否定するかのように曲解しているように見受けられることが多かったのも事実である。

宗派をこえた出会いは女性たちに、彼女たちの日常の中に存在する性差別の体験は個別の事象ではなく、制度的に構造化されたものであるという自覚をもたらした。これはフェミニズム運動の歴史ではよく知られた、「個人的なことは政治的なこと」という気づきである。そしてその解決のためには、女性たちがつながって、自ら異議申し立てをしていくことが重要であることを認識していったのである。ネットワークは教団内で声をあげはじめた女性たちを孤立させないための、サポートグループの役割ももっている。ネットワークに集う女性たちは、真宗、日蓮宗、曹洞宗など、ジェンダー平等に向けた女性たちの活動が比較的顕在化している宗派のメンバーが多い。それでも本名で発言することをためらう女性もいるのが実情である。女性たちの間に横たわる共通の課題の認識はネットワークを拡げてきた。これは、メンバーの多くが寺院に住むことから、寺院という場に住み「寺に身を置く」ことから生じる、具体的な身体感覚の共有ともかかわっているように筆者には思える。宗派の違いはあっても、寺院に居住する女性たちは寺の年中行事という時間のサイクルを共有するのである。

その後、両ネットワークの共同編集によって、仏教とジェンダーに関する女性たちの論集が現在までに三冊出版されている（女性と仏教東海・関東ネットワーク　一九九九、二〇〇四、二〇一一参照[8]）。ネットワークは、二〇〇八年の七月に、シンポジウム「ジェンダーイコールな仏教をめざして」（全日本仏教会、国際仏教交流センター、国際宗教研究所などの後援）を本願寺築地別院にて開催し筆者もコーディネイターとして参加したが、男性僧侶多数を含む二〇〇人近い参加者を得た。また、このネットワークの真宗教団のメンバーの多くは、後述する「真宗大谷派における女性差別を考えるおんなたちの会」

にも深くかかわっている。[9]「おんなたちの会」（通称）は一九八六年に性差別的な条項の改正を教団執行部に要求すべく結成された組織であるが、二五周年を迎えた現在、約四〇〇人強のメンバーを有している。東海と関東のネットワークも「おんなたちの会」も、代表や会長はおかず、交代制の連絡係や世話人がいるだけである。これは、フェミニズム運動に見られる、「誰も誰をも代表しない。誰も誰にも代表されない」（中西、上野　二〇〇三：一〇七）という自発的な理念の表れといえる。

ちなみに、一九八六年というのは前述の「フェミニズム・宗教・平和の会」が発足した年でもある。奥田暁子は、結成当時をふり返って「一九八六年当時、すでにフェミニズムは揶揄や嘲笑の対象ではなくなっていたが、宗教の世界ではフェミニズムはまだ新奇な目で見られていた」と述べている（フェミニズム・宗教・平和の会　二〇〇二：三六）。その前年の一九八五年は、女性差別撤廃条約が批准され男女雇用機会均等法が成立し、また「国連婦人の十年」日本大会が開かれるなど、日本のフェミニズムの歴史上、ひとつのランドマークとなった年であった。[10]しかし、一般社会にくらべて宗教の世界での状況が期待どおりに改善されたわけではないことは、第一章で述べたとおりである。

このような女性たちの運動について、仏教はその本質においては差別をもたないという前提にもとづき「あるべき本当の仏教」を求めるのは、ある種の無自覚な本質主義と同じではないか、との批判も出よう。しかし、これをひとつの戦略と見てみたい。ジェンダー平等を求める女性たちの運動は信心の欠如のあらわれであると、男性僧侶は批判してきた。つまり、フェミニズムと信仰とは本質的に二律背反で相容れない、という偏見である。女性たちは、「あるべき正しい仏教」のヴィジョンをかかげ信仰を前面に出した主張でなければ、教団の男性には受け入れられないことを自覚したうえで、このように行動しているといえる。しかし、一方で、「信仰」に固有の側面を強調するあまり排他的な運動になってしまえば、一般社会の女性たちの経験や関心から乖離したものになることもまた事実である。

実は僧侶の妻が感じる問題は、閉ざされた寺という世界にのみ存在するものではなく、一般社会の女性がかかえる問題と共通点をもっている。寺の女性は住職の補佐役としての日常的な寺院の雑務や後継者育成のための子育てなどの役割分担を負っているが、これらは社会一般で女性が引き受ける子供の世話や介護や家事労働などの「無償の労働（unpaid work）」と同列にある。違いは寺の女性がこの無償の労働を「信仰」の名の下に担わされているのに対して、一般家庭の主婦は「愛情」の名の下に担わされているという点であろう。寺の女性が彼女たちに課せられた役割分担に不満や疑問をもって異議申し立てをすれば「それは信仰の欠如だ」と責められる。それは、一般家庭の主婦が無償の労働を支えるために愛情を強要されるのと同様である。つまり信仰や愛情さえあればジェンダーの不均衡など気にならないはずだと言われてしまうのである。無償の労働が愛や信仰の名目で聖化されることは、女性がもつ家庭生活と社会生活の両立という当然の願いの実現を阻み、結果的に多様なライフスタイルの選択を狭めていくことになる。さらに、このような、「愛する夫」の社会活動を支える「献身的な妻」というロマン化された語りは、僧侶に限らず一部の男性によって好まれるものである。科学史を専門とする川島慶子は、傑出した男性科学者とその助手である妻という不均衡な構造が、妻の側の「愛他的」で「主体的」とされる動機の下に隠蔽され、献身的な愛にもとづく関係であるから妻である女性の業績は世間に認められる必要はない、と解釈されていくことを指摘している（川島二〇〇九：三六）。一例として、社会活動で注目を浴びる寺院のきわめて多忙な住職を陰で支える妻であるところの寺族がいるが、その女性を実際に知るネットワークの女性僧侶は、あの女性はいつも疲労しきっているがそれを口に出して言うことができないのだ、と同情していた。実際、この寺を訪れたネットワークのメンバーたちも、もし自分があの寺の寺族だったらとてもやっていけないであろうと、ネットワークの会合で自身の寺での経験をふまえて語っていたのである。しかし、このような寺を現代の仏教寺院のロール・モデルとみなしたい男性僧侶や研究者には、この現実は見えてこない。

仏教教団の女性たちは、自らがかかえる問題を明らかにして、それを他の女性たちと共有することを通じてネットワークを拡げてきた。一般に社会運動の根底には、より良い生と世界を構築しようとする希求が存在する（大畑ほか編　二〇〇四）。西城戸は、「共通する利害、経験、連帯から派生する集団によって共有された『われわれ意識』がこのような社会運動の生起や継続のためには必要である」と述べている（西城戸　二〇〇八：二五）。さらに上野は『当事者主権』の中で、現前の矛盾や欠乏に対して「そうではない新しい現実をつくりだそうとする構想力をもったときに、はじめて自分のニーズとは何かがわかり、人は当事者になる」と論じている（中西、上野　二〇〇三：三）。同様に仏教教団の女性たちも、日常の性差別問題に心をつかまれその現状の改善に向けたヴィジョンをもったとき、「当事者」となったのである。しかし、そうだとすれば、教団のこれまでの態度は女性たちが、彼女たちこそが当事者であるということに気づくのを妨げてきたものではないかと思えてならない。

近年の教団の女性たちの位置づけをめぐる再編・再考の動きの代表的なものとしては、真宗大谷派の「坊守《ぼうもり》制度」改定、日蓮宗の女性教師の会設立、曹洞宗の寺族《じぞく》問題の「公聴会」などをあげることができる。二〇〇四年に出版した『混在するめぐみ』の中で女性たちの改革運動については述べたが、その後、女性たちをとりまく環境や運動自体にも変化が起きている。重要なのは、彼女たちが今まで疑問に思い不正を感じても、言わない、あるいは言えなかったことが、言ってもいいことに変容したと思われる点である。言い換えれば、教団を批判する権利を自分たちが有していることの女性たちの側における気づきである。次章で述べるように、曹洞宗教団では、二〇〇六年から五年間連続して、寺族問題について寺族自身の意見を聞く公聴会的な場を宗務庁が設けた。筆者はこのすべてに参加したが、寺族の教化者としての位置づけや住職亡き後の処遇などをめぐり、宗門の現状に対する怒りと憂慮と批判が多くの寺族女性たちによって表明されることに、新鮮な驚きを感じたのである。また、曹洞宗では、宗門系大学である駒澤大学で開かれる教団の学会で寺族女性たちが教団の女性をとりまく問題に関して発表する取り組みが続けられている(11)。

このように、女性があたかも寺院内に存在しないかのように振る舞うことを改め、現実に寺院運営に貢献する「寺族」が僧侶の配偶者であるという事実に向き合うべきではないか、という主張が多くの寺族女性によって共有されてきている。二〇〇四年以降の変化を検証するために、前著の第三章の要約を交えながら、論を進めていきたい。

寺族《じぞく》とは誰か

曹洞宗や他の「出家教団」では、僧侶の配偶者である女性の制度上の位置づけと役割規定をめぐって議論が続いている。現代においても厳しい戒律を保つ出家者が存在することはまちがいないであろう。しかし、仏教教団は、仏教各宗派が男性僧侶の婚姻を慣習化し、真宗同様に「在家化」している事実と真剣に向き合おうとせず、現在においても表面上は出家主義を標榜している。一般に僧侶の配偶者である女性を指し示すのに「寺族」「寺庭婦人《じていふじん》」、あるいは浄土真宗では「坊守」という語が使われるが、これは明治以降の造語である。一八七二（明治五）年の太政官布告で男性僧侶の肉食妻帯が許される以前、在家仏教である真宗以外の宗派では僧侶の妻は黙認されてはいたものの、公認された存在ではなかったからである。

曹洞宗では、一八八五（明治一八）年に教団関係の規則をまとめた『曹洞宗宗制』が認可されたが、その中には寺院中に女性が寄宿することを禁じる条文があった。しかし一九〇五（明治三八）年にはじめて交付された宗派の憲法にあたる『曹洞宗宗憲』と新宗制の中で、この妻帯に関する条文は削除された。これは僧侶の妻帯が一般化したためにその是非をめぐる議論が風化し、教団がひとつの区切りをつけた結果と見られている（宮地　二〇〇八：三二一）。一九九五年に改正された宗憲では独立した一項目として僧侶の配偶者たちの定義づけを試みた。この宗憲第八章「寺族」の項目は、四〇年ぶりの宗憲改正の際、ひとつの目玉として新たに加えられたものであった。一九九五年以前、「僧侶」や「檀信徒」の項目は存在したが、男性僧侶の配偶者が主な構成員にあたる「寺族」は宗憲から欠落していた。これは独身の戒律を建前にする宗派では、婚姻関係によって生じる寺族の女性への言及を避けなければならないからである。しかし新たに付加された条項の文言は、「本宗の宗旨を信奉し寺院に在住する僧侶以外の者を寺族という」というものであった。この婚姻関係への言及を避けた曖昧な定義は、男性僧侶が妻をもたない出家者として戒律を遵守していることを理念上標榜するための苦肉の策に等しい（川橋、黒木　二〇〇四：七六―七九）。

実際には、出家教団であっても「寺族」が住職の配偶者や家族を含むことを述べている宗派は多い。例えば高野山真言宗では、宗規の中で寺族を、住職または前住職あるいは徒弟（多くの場合は住職の息子）の「配偶者」に該当する者と定義している。しかし、曹洞宗の場合は、他宗と比較しても特に出家主義の建前を強調しているように見受けられる。これは、僧堂での長期間の修行を重んじる禅宗の場合、前述の禁欲的女性忌避が特に強調されるからではないのか。男性の修行者にとって、女性は修行における禁欲主義の理念を脅かす存在となりえるのである。そのために男性僧侶の配偶者たちは、本来存在しえないあいまいな立場におかれたまま、制度上の位置づけや教義上の意味づけに関する議論が先送りされてきた。禅宗の臨済宗と黄檗宗の寺族女性を対象に、教団の現状を憂慮する僧侶や教団関係の男性研究者たちがおこなった調査がある。その中で、「わが宗門の現状は、その建前上〝存在しないはず〟の存在者に、実際上、寺院活動の基礎を支えてもらい、建前上、〝生まれてくるはずのない〟子供に自らの後継を頼っている。かかる〝建前〟と〝本音〟の手前勝手な使い分けは、人道上からも、ましてや、〝人心の救済〟にたずさわる立場上からも、許されるはずのない事態である」と現状への厳しい批判が述べられていることは注目に値する（現代寺院問題研究会　財団法人禅文化研究所　二〇〇二：三七）。

その後、曹洞宗では教団の宗議会議員が作る政策専門部会などで寺族の定義をふたたび改正する試案が検討されたが、前述の一九九四年の『宗報』に見られた先駆的な問題意識が広く共有されているとは言いがたい。例えば、関東地方の有力な僧侶や宗議会議員たちによる勉強会の最近の資料には「寺族問題」に関する考察の項目も含まれており、抜本的対策が必要な重要課題であるという認識がうかがえる。しかしその資料を見るかぎり、寺族の位置づけの明文化や配偶者としての保護を求める意見が見られる一方、「出家主義」そのものの教学的な議論にまで踏みこもうという姿勢は見られない。むしろ、寺族の女性たちを僧侶の配偶者とみなすよりは寺院の運営に寄与する労働従事者として位置づける方向性が示唆されている。[12] もちろん筆者は、教団の宗議会に選出された男性僧侶の議員（現在は女性僧侶の議員は存在しない）のなかにも、寺族や尼僧をとりまく人権問題に関心をもつ議員たちがいることや、宗議会の議事録が示すように、寺族の位置づけや身分の保証に関して教団執行部に答弁を求める議員が徐々に増えつつあることは評価している。寺族の権限や資格の範囲を拡大してより時代に即したかたちで教化に参画できるようにすべきではないのかという質問は、これまでに何度も議会に呈されている。[13] 筆者自身、二〇〇四年に曹洞宗の大本山のひとつである総持寺系の議員が参集する全国大会の講師に招かれ教団のジェンダー問題について講演したが、その折にも教団の女性たちのために発言しはじめた議員僧侶たちの声を封じこめることなく彼らを支援してほしいと述べた。

しかし二〇〇九年には、曹洞宗総合研究センターの事務局長の職にあった僧侶が、寺族の教学的な位置づけについて「仏教の教義の中に寺族を取り入れるというのは大変なことで、これはつまりお釈迦様の教えを変えることになってしまいます（……）ですからそう簡単に扱える問題ではないんですが、確かにわれわれが抱えている問題の一つですし、将来とりあげていきたいテーマです」と現状維持をうかがわせる発言をしているのである（『国際宗教研究所ニュースレター』六三号）。このような発言に対して、筆者のまわりの寺族の女性たちは、今でも僧侶というのは、寺は独身の男性僧侶とお手伝いさんの女性が住んでいる所だとでも思っているのだろうか、と不快感を示していた。さらに、この章の冒頭で述べた、大本山永平寺に対する一僧侶からの提訴に関する『寺門興隆』誌のアンケートへの回答には、各仏教教団が、教団の内部と外部に対して二重基準的な使い分けをしているかのような態度がうかがわれる。アンケートでは、教団の宗制や宗規において僧侶の妻帯にかかわる規定（妻帯禁止など）があるか、という質問とともに、檀信徒から僧侶の妻帯の是非を問われたらどう答えるか、などの質問事項が編集部によって問われていた。この裁判の当事者でもある曹洞宗からの回答は、「とくに『妻帯』について規定する規程はありません」というきわめて簡潔なものであった（『寺門興隆』二〇一一年一二月：六）。曹洞宗だけでなくいずれもの教団も、妻帯にかかわる禁止事項はないと回答し、教義的にも問題はなく、むしろ僧侶の妻の寺院内貢献は重要、と述べた回答さえもあった。しかし、これらの回答は、寺院運営に僧侶の配偶者女性が欠かせなくなっている現実をふまえて対外的に妻帯を認めただけであり、教団内部において僧侶の「妻帯」の問いに自己内省的に向き合い、配偶者である女性の境遇に配慮したうえで出されたものとは思えないのである。つまり、対外的には「僧侶の妻帯」の事実を肯定しておきながら、内部に対してはそれができないままでいる、内と外との二重基準をここに見ることができるといえよう。また、日蓮宗のように寺族の代わりに「寺庭婦人」という呼称が用いられる教団の女性は、世間の人から見ればまったく不可解な「寺庭婦人」などという言葉を用いること自体、僧侶に配偶者がいることを隠蔽しようとしているのではないか、と語っていた。

しかし、寺院の境内を竹ぼうきで掃き、お茶を淹《い》れて檀家の人をもてなす「お寺の奥さん」がメディアにしばしば登場することからもわかるように、世間一般の常識では僧侶の妻はあたりまえの存在とされている。前述の中村はこの僧侶の妻が「日常的な風景の一部」になったことを明治政府の「肉食妻帯勝手タルベシ」の宗教政策の「国民化」と呼んでいる（中村 二〇一一：二二）。それのみならず、教義上は認められていないはずの寺院の妻たちには、住職の補佐役としてのさまざまな寺院運営上の労働が家庭での家事育児に加えて課せられている。各教団が定める義務規程を一覧すると、住職の補佐をつとめ、子弟の育成にたずさわり、檀信徒の信仰上の模範となり、寺院の護持興隆に尽力することが、寺族が果たすべき義務としてあげられている。皮肉にも、寺院内の女性の制度上の位置づけはあいまいなまま、彼女たちの果たすべき義務は明確に規程されているようである。さらに、彼女たちの主要な存在意義は寺院の世襲継承に不可欠な跡継ぎを産み育てることなのである。この背景には、「教えを説く者」と「説かれる者」という上下関係にもとづいた男性と女性の間の二分法がある。教化する主体はあくまでも男性僧侶であり、妻（および女性一般）は教化される対象とされるのである。まだ若手の僧侶でさえもが、僧侶が最初に教化すべき相手は妻である、などと公言する姿を見て驚いた記憶がある。

その一方で、労働市場の労働力不足を補うために女性を「参画」させようとする一般社会の動きがあるのと同様に、教団内にも寺族を教化その他の労働義務へ参入させようともくろむ動きがある。たとえば、寺族に一定の修行を義務づけて、年々減少する尼僧の代替として法要の補佐をさせる案などである。これは、寺族自身がそう望む場合があるとしても、男性僧侶の望むやり方で寺族女性を活用しよう、という目論見に等しい。ここでは実際に現場の寺族が何を望んでいるのか考慮されているのだろうか。もしも、宗門における女性の参画が、単なる労働力の穴埋めとして求められているのであれば、それは筋違いである。重要なのは、それによって女性たちを一方的に男性たちの劣位におく現在の教団組織の構造や男性僧侶たちの女性観を変革することではないのか。つまり、従来の教団内の男性と女性の不均衡な関係を温存したまま、女性を労働力の活用のために教化活動に参画させるのでは意味がないと思われる。

役割分担のなかで

ところで、この性別分業は、キリスト教における牧師とその妻の役割分担に酷似している。牧師の妻には一般に、教会学校の補佐、掃除や食事のしたくなどの雑用、受付などの接待に配布物印刷などの事務作業をこなすことが期待される。牧師夫人のライフヒストリーを研究する川又俊則は、牧師の配偶者には教職の資格をもつものもいるが、そうでない場合は牧師の妻も一般信徒と同じ立場であるはずで、しかし実際にはそのようには考えない信徒が多いことを記し、牧師の家庭を理想的な家族とみなすことが牧師の妻を周囲の視線にさらし、過度の重圧から精神を病む牧師夫人もいると述べている（川又　二〇〇六：一〇八―一〇九）。例えば牧師である鈴木崇巨は、牧師の妻の特殊性として、牧師の妻には牧師がもつ宗教的権威は与えられていないが、周りからの厳しい視線は牧師に対するのと同じように注がれることや、ひとりの信徒であっても決して一般信徒と同じようにはみなされないことを述べている。そして、牧師の妻がストレスの多い生活に打ち克つには信仰の力が必要であり、「そのような信仰を要求されることが牧師の妻の特殊性と言うことができるかもしれません」と結論づけている（鈴木　二〇〇二：三四〇）。また、フィリピン人の牧師の妻であるダーウィンは、牧師の妻が「牧師夫人」という特別な存在である自己の役割を認識し、夫である牧師を褒め称え、支え、要求に応じることによって、夫は神の僕としての働きをまっとうすることができるのだ、と述べている（ダーウィン　二〇〇九）。

牧師夫人と僧侶の妻との比較は、僧侶の妻は寺に住むひとりの檀信徒なのかそれとも住職である夫とともに教化する者——しかし対等ではない立場の——なのか、という問いを投げかける。牧師の妻の場合は、夫である牧師の召命の体験や使命感（vocation）を牧師夫人として共有するように期待される。献身的につとめを果たすことは「牧師の妻であるあなただけができること」という無言の圧力が存在する。キリスト教と比較すると、男性僧侶の多くは召命的な体験からではなく世襲によって僧侶になるケースが多い。それなのに、妻たちのほうはお寺のために献身的である使命感を期待されることがめずらしくない。結婚前にキャリアをもっていた女性も常に寺の中にいることを求められるため、筆者の友人には市議会議員や教員をやめなくてはいけなくなった女性さえいる。教会の牧師館と同様に公私の区別がつけにくい住居空間の中で、「この広い本堂と境内にわたしの居場所はどこにもない」と感じる寺の妻は少なくないのである。

以上のことから筆者は、教団は理念上の出家主義が現実の寺院生活を裏切ってきた事実を自戒すべきであると論じてきた。また、寺族女性を不安定な立場に追いこみ無力化しているジェンダー不平等の問題は、個々の寺院が解決すべき「夫婦問の問題」ではなく、仏教教団が有するジェンダー観そのものにかかわる重要課題であると強調してきた。実際には一般の檀信徒の多くは、僧侶が独身であることを必ずしも重視してないという傾向があることは、従来から指摘されてきた（曹洞宗総合研究センター編 二〇〇八：四一三）。これは、現代のアメリカのカトリック教会で、信者のあいだでは男性聖職者が独身を保つことがさほど重要視されないにもかかわらず、教会の権威構造の中では依然として重要な教えとされていることにも似ている。それにもかかわらず、現代においても出家王義の建前を教団が標榜することは、僧侶自身が自己に対して抱くアイデンティティをいたずらに混乱させ、自分自身が何者であるかを突きつめて考える機会を奪ってしまうことにもつながりかねない[14]。一例として、兵庫県の寺の住職であるドイツ人禅僧のネルケ無方は、「仏門と家業を混同する」日本の世襲仏教に批判的である（ネルケ 二〇一一：六三）。彼自身は「妻帯僧」であり家族とともに寺に暮らしているが、彼が住職をつとめる寺は修行僧や参禅者をかかえる僧堂である。ネルケはそのために家族と修行僧の間に葛藤が生まれることにふれ、家族は僧堂に父親を奪われたと思い、修行僧は家族に修行上の師を奪われたと思う、という興味深い考察を述べている（ネルケ 二〇一一：一五〇―一五三）。もっとも、このような出家の理念と現実の家庭生活の齟齬に内省的になる態度自体、一般的なことではない。筆者の友人は若手の男性僧侶が多数働く職場にいるが、年配の僧侶だけでなく若い年代の僧侶にも出家主義に対する強固な思い入れが見られる、と苛立ちを示していた。前述の中村は、かつて僧侶に期待されてきた役割が、現代社会では学者や医者、カウンセラーなど高度に専門化され、「特別に寺院や僧侶でなければ出来ない領域がほとんどなくなってきた」と述べるとともに、それ以上に世間の人々にとっては、僧侶が独身であるか妻帯しているかなどということは関心の外にあるのだと論じている（中村 二〇一一：一八八）。

しかしそうであるからこそ、教団の僧侶にとって「出家」の理念は自らのアイデンティティの根幹にある譲れない何かなのではないか。この点と関連するが、二〇〇三年に『仏教タイムス』では、〈新世紀〝戒想〟――現代の「戒」と「僧」〉と題して、教団の研究者たちによる提言を三月から一二月にかけて掲載した。その後この連載が一冊の本にまとめられたとき、筆者は寺族の女性研究者の視点から寄稿を求められた。しかし残念ながら筆者には、ごく一部の例外的考察を除いて、これらの現代の僧と戒律を論じる男性僧侶たちの視野からは寺院の女性の存在が抜け落ちているように思えた。そのため、教団の構成員の半数以上を占める女性たちの声を反映させた教義と現実の生活の乖離を埋める作業を抜きにしては、包括的な救済は成り立たないのではないかという点を強調しなければならなかった（川橋 二〇〇四b：一五二―一五三）[15]。

その後、日蓮宗の女性僧侶たちの任意団体である「全国日蓮宗女性教師の会」は、二〇一〇年の一二月に結成五周年を記念して、現代における僧侶の戒律を考える公開講座パネルディスカッションを主催した。これは、有髪、剃髪を問わず女性僧侶たちが主体的に現代における戒律を考えるという意味で画期的な試みであった。当時会長職にあった伊藤美妙は、ほとんどの僧侶が妻帯し何の戒律ももたず世間一般の人々と同じ生活をする現在、世間からの信頼を得るには、在家仏教へと変節した歩みを否定するのではなくそれに準じた戒をもつ必要がある、と趣旨説明をしている。僧侶の妻帯は「教義上からも矛盾がないと明言できず、結論が出ないままあいまいにされ今に至っている」のが現状であり、このことに関して僧侶の配偶者たちの立場が明確にされない事実にもっと注意を払うべきではないか、という論点が述べられたのである（『日蓮宗宗報』二〇一一年五月：一二九）[16]。またパネリストのひとりであった仏教学者で日蓮宗の寺族である岡田真美子は、現代の仏教教団が「無戒」であるという批判は、むしろ戒律がないということよりも、「戒律に関する今日的な合議がない」ということを意味するのではないか、と鋭く指摘していた（『日蓮宗宗報』二〇一一年五月：一三四）。

筆者が強調したいのは、寺院に僧侶の配偶者として住まいその運営に一定の貢献をしてきた女性をあたかも存在しないかのように扱ってきたことへの内省的な考察や自省の態度を欠いたまま、「われわれの教団は妻帯を禁じていません」と述べることは妥当とはいえない、という点である。同時にこれは、教団がなし崩し的に「妻帯容認」に移行するのではなく、真摯に出家道を実践している人々を正当に評価したうえで、自己批判と現実把握をふまえた在家主義を取り入れていくべきだ、という主張でもある[17]。

次章では、筆者が実際にかかわってきた運動のエスノグラフィックな記述を通じて、本章で提起された問題についてさらに論じていく。

第四章　女性たちの挑戦——教団を再想像する

現実と理念のせめぎあいのなかで

前章での概観的な議論で、現代の「出家」教団が現実と理念との矛盾という根深い問題をかかえこんでいることが明らかになった。中村は「肉食妻帯勝手」の布告が一般の僧侶や在家の信者などの現場の意見を巻きこんだ広範な議論になることなく、なし崩し的容認の方向に流れていったことは、日本仏教の近代化あるいは脱戒律化というよりも「日本仏教の真宗化」にほかならなかった、と総括している（中村　二〇一一：一六一）。このような自己批判と整合性を欠く現状を変革するには、宗旨の地金にふれることがさけられない。この乖離が埋まらないかぎり、教団の女性の正当で公正な位置づけや意味づけは困難であることに気づいた女性たちの取り組みを本章では追っていく。ここでは曹洞宗の制度を個別の事例としてとりあげるが、僧侶の妻帯を教団の礎におく浄土真宗を、比較の対象として論じていく。なお、教団にも身をおく筆者の立ち位置を反映させるために、以下の記述では

「私」を主語にして論を進めていく。

教団は女性たちのおかれた境遇を改善する取り組みをまったくしてこなかったわけではない。しかし問題は、それが女性たち自身から見て理にかなったものになっているのかどうかということである。これに関して、長年にわたって寺族問題の動向を見すえてきた瀬野美佐は、曹洞宗の取り組みが遅々として進まず、彼女の視点からは「回り道」や「時間かせぎ」にしか見えない現状を「寺族ぎらひ(嫌い)」という言葉を用いて説明している。つまり、男性僧侶たちは自分たちの妻や家族は愛しているが、自分たち自身のアイデンティティを脅かし混乱させ自己矛盾を突きつけてくる僧侶の配偶者である「寺族《じぞく》」という存在が疎ましいのである(瀬野　二〇一〇：四九)[1]。これは鋭い指摘である。

それでは、教団の制度は寺族をどのように保護しあるいは保護していないのだろうか。曹洞宗では一〇年に一度の間隔で、宗門の全寺院を対象に曹洞宗宗勢総合調査という意識調査を実施している。二〇〇五年の調査にもとづく最新の報告書は、現在の教団の「寺族」の現状に関していくつかの特徴を示している。二〇〇五年の時点では前住職の配偶者は三三五六人、住職の配偶者は八九七一人、副住職の配偶者は一五一〇人であり、それぞれの集団の平均年齢は、七七・九歳、五五・八歳、三七・九歳となっている。学歴をみると、住職の配偶者では四八・五％、副住職の配偶者では六五・一％が短大卒以上であり、高学歴の寺族が増加していることがわかるという。しかし、寺務や家事労働のほかに職業を有する割合は、住職の配偶者で一〇％、副住職の配偶者でも一八・七％である。職業をもつ場合は、保母や教員が大半を占める。高学歴の女性が多いにもかかわらず寺の外で働く機会がないことは、寺での雑務の多さを考えれば納得できよう。また、五二・一％の女性が寺院以外のいわゆる在家の家庭出身である。

意識調査では、「寺院の暮らしの良い点」と「不満点」や「不安点」に関していくつかの項目を設けて尋ねているが、不満点としては本堂の掃除など寺の雑務が大変であること、プライヴァシーがないこと、経済的に不安定であることが上位にあがっている。また、良い点として「世間から尊敬される」をあげた割合は、七〇歳以上では二五・二％であるが三九歳以下ではわずか三％である。そのほか、若い世代ほど、住職の配偶者としての経験や知識不足による檀家との関係や寺院の運営方に関する不安を感じていることがあらわれている[2]。

教団には寺族を対象にした研修会があるが、過半数の寺族が参加していることもわかる。しかし、問題はその内容である。ここ一〇年で内容が一般社会の問題意識や人権意識に歩調を合わせて改善されたことは間違いない。しかし、九〇年代前半に私がひとりの寺族として地元で参加した大規模な研修会での内容は唖然とさせられるものであった。一例であるが、まごころの大切さを教える法話の最中に、講師の男性僧侶が最前列に座った中年の寺族女性に「あんた子供いるでしょ？」と唐突に問いかけた。とまどいながら「いいえ」と答えたその女性に、講師は「気の毒に」と言い放ったのである。そのときの女性の泣き笑いのような顔を見て私は、忙しい中やっとの思いで寺を抜け出してきた（そしておそらく子供がいないことで寺の中で疎外感を味わいつくしてきた）その女性は、研修会に来たことを深く悔やんだであろう、と思った記憶がある。しかし、全国から集まる寺族女性を対象にした研修会で、これよりもはるかに人権意識に欠ける講演が、教団の役職者である僧侶によって何度も繰り返されてきたという事実はすでに指摘されている（中野　一九九五ａ、一九九六）[3]。

では、教団はさまざまな限界の中で、男性僧侶の配偶者をどのように位置づけ「保護」しようとしてきたのか。まず、曹洞宗に個別の制度として、「寺族得度」とよばれるものが存在することから述べたい。『曹洞宗宗制』の中の寺族規程の第二章「寺族の得度」には、一〇歳以上の寺族は、「両大本山貫首または前貫首に就いて得度を受けることが出来る」と定められている。二〇一一年の時点での寺族得度者の総数は一万五七三三人である。(4) 次の第三章「准教師等」では、この寺族得度を受けたもので教団が定める寺族通信教育の課程を修了したものは住職の申請により准教師に補任することができる、と記されている。二〇一一年現在の准教師取得者の総数は七九九〇人である。また、通信教育の目的は、寺族得度を受けた者の責務を自覚させ「道念」の涵養を図るためと説明されている。テキストは『法は人なり』という題名で、簡単ではあるが、部落差別、障害者差別、ハンセン病差別、性差別、民族差別などの事象もとりあげられている。私自身も履修してみたが、大学の一般教養レヴェルの宗教学・仏教学概論に曹洞宗の寺院運営に必要な個別の知識を加えた内容で、興味深い点もあった。しかし改訂版の通信教育のテキストの冒頭に、既述の「宗憲」中の寺族の定義に関して、寺族を「明確に定義したという意味で画期的なものでした」と記されているのは理解しがたい。

前述の意識調査の二〇〇五年の報告書によると、一九九五年の調査時では三三・三%に過ぎなかった寺族の准教師資格者が、その一〇年後には四六・三%まで増加したことが顕著な特徴としてあげられている。その一方で、時間的な余裕がないために寺族得度や通信教育を受けられない寺族がいることもまた述べられている（曹洞宗宗務庁 二〇〇八：四五―四六）。

さらに規程の次節の「寺族代表等」では、寺院で准教師に補任された者のうち一名は、住職の申請により当該寺院の寺族代表になることができる、とある。寺族代表には将来的に寺族年金の受給権利が生じるが、このわずかな額の年金よりはるかに重要なのは、寺族代表は宗教法人である寺院の責任役員になる資格をもつということである。これには他の責任役員の同意と住職の申請が必要であるが、寺族が法人の運営の意思決定に参与できることを意味する。さらに寺族代表は、住職が死亡などの理由で欠けた場合、三年間の任期で当該法人の代表役員の特定代務者となることができる。それゆえ、曹洞宗宗務庁刊行の『寺族必携――お寺で暮らすすべての人のために』には、「寺族得度」は寺族の宗門信仰への目覚めであるとともに実務的資格への入り口であると書かれているのである（曹洞宗宗務庁 二〇一一：五六）[5]。注意すべきは、寺族得度を受けた准教師や特定代務者は僧侶のような法務をおこなう資格をもつのではなく、あくまでも法人の代表役員として世俗的な業務の執行権のみをもつという点である。このような、准教師から寺族代表そして特定代務者へのステップは合理的に整備されているようにも見える。実際、私が浄土真宗の本願寺派の研修会の講師に招かれて曹洞宗の寺族をとりまく制度について説明した際、曹洞宗の寺族代表の制度には参考になる点が多いという感想が聞かれたことを記憶している。

しかし、この諸制度が寺族のためのセイフティネットになっていないことを示す事例は多い。まず、この制度はすべての寺族によって知られているわけではない[6]。また、実際には、「寺族代表等」の節には寺族の保護規程として、「住職が死亡したときは、当該寺院は、その寺族を保護する義務を負う」ことが記されているが、それに続けてこの保護の方法は責任役員などの協議により、寺院の資産や寺族の在住期間などの事情を考慮して定める、と書かれている。つまり、寺族の処遇はそれぞれの個別の事情と責任役員あるいは近隣の有力寺院の判断や裁量にゆだねられることが多く、この保護規程はたやすく形骸化されうるのである。そもそも、これらの資格取得には住職の同意が最終的には必要になる。寺族が資格をとる必要性を感じないあるいは望まない住職がいることも事実である。さらに、特定代務者や准教師などの資格は法要や儀式を執行するためのものではないことは述べた。僧堂での修行を重んじる禅宗系教団の場合、寺族であった女性が僧侶としての資格をとることは簡単ではない。そのために、住職亡き後、それまで寺院運営に貢献してきたにもかかわらず、後継者がいない場合には自分の意思に反して寺を去らなければならなくなる寺族の問題が顕在化してきた。この種の問題は曹洞宗に限らず、さまざまな教団で頻繁に見聞きされ、訴訟も起きるようになった(7)。実際に、業界誌の『寺門興隆』は二〇〇八年の二月号から七月号にかけて、住職亡き後の寺族の処遇に関する諸教団の対応をシリーズでとりあげている。とりわけ曹洞宗では寺族の位置づけのあいまいさが彼女たちの立場を脆弱なものにしていた。後述する真宗教団に比べると運動体として組織化されにくかった曹洞宗の女性たちが、自分のおかれた制度を疑問視し、その正当性や公正さを問いただし批判の声をあげる活動に参入していった背景には、ひとつにはこのような事情があったといえる。

女性たちの挑戦

前章で、教団の女性たちに見られる大きな変化として、教団を批判する権利を当事者である自分たちが有していることの気づきがある、と述べた。個々の寺族たちが抱いていた疑問が個人的で特殊なものではなく、他の女性たちにも共有されることを知ったとき、現状の改善に向けた異議申し立てがさまざまな場所で始まり、新しいうねりを作りだしたのである。私が知る限り、最も早い段階で寺族たちが連携して主体的に作りあげた組織は九州管区寺族会である。寺族規程に、寺族は相互の連携を密にするため、寺族会を組織すると記されている。この規程は効力をもつわけではなく、地域によっては会として結成されていないところも珍しくない。[8] 曹洞宗には現在のところ、全国組織として結成された寺族会は存在せず、各県におかれた宗務所ごとの宗務所寺族会と、より小さい単位である教区の寺族会があるだけである。ところが、一九九三年に九州の各県を横断し一つにつないだ管区単位の寺族会を、女性たちが主体となって立ち上げたのである。会設立の背景には、彼女たちの活動に協力的な男性僧侶の存在もあった。この九州管区の寺族会（連絡協議会）は、結成一〇周年を記念して二〇〇二年に『みち』という題名の寺族手帳を発行した。この本は、彼女たちが日常の経験にもとづいて、寺族が知りたいと思うことあるいは知っておかないといけないと思うことを、他の寺族に伝えるために自分たちの学びの中からまとめあげたテキストである。宗門の歴史や教義、寺の行事の説明に加えて、特筆すべきは寺族に関する宗制の制度や規程が、寺族が自分自身を守るために必要な知識として丁寧に説明されていることと、寺族の位置づけについて住職たちにも考えてほしい、という意思が示されていることである。[9]

その後、九州管区の動きに啓発されて、二〇一〇年には「東北はひとつ」という思いのもとに、東北六県をつなぐ東北管区寺族会が結成された。会が結成された直後に発行された会報には、この管区寺族会が男性僧侶による中央主導型で始まったものではなく、各県の寺族会が自発的に企画し要望を訴えた結果結成されたことが明記されている[10]。一方、東海、関東、近畿、中国など九つに分けられた管区のなかで人権問題への関心度が比較的高いとされる近畿においても、管区の寺族会結成を望む声があるにもかかわらず現状では具体化には至っていない。私見では、過疎問題など寺院をとりまく環境が厳しく危機意識をもつ僧侶や寺族が多い地域では、新しい動きが生まれる可能性が大きい。しかし、このような危機感が共有されていない地域では、僧侶だけでなく寺族も他府県の動向に無関心なことが多いように思える。

興味深い事例として、三重県では、ひとりでも多くの寺族が准教師の資格を取れるようにと、通信教育の課題レポートを作成するための学習会を寺族たちが自主的に始めている。これは雑務で忙しい寺族たちの資格取得に向けた相互扶助の制度で、課程を修了した寺族が未修了者の指導役を務めているそうである。発案者の太田紀子から彼女たちの学習会について聞いたとき、他の地域でも実践されるべき画期的な取り組みだと私は思った[11]。また、滋賀県の永島慧子が中心になって二〇〇七年に立ち上げた、近畿管区の「寺族のまなび」の会も独創的な活動を続けている。こちらは近畿地方の寺族がまず自分たちに身近な問題から考えていくために「あっ！　そうなのか」をキャッチフレーズに続けている勉強会で、『みちしるべ』という通信も発行している（永島　二〇一〇：二五九）。この勉強会が立ち上がったきっかけは、教団主催の寺族のための研修会に対する不満だったという。曹洞宗では年に一度、本山を会場に一泊二日で各県の宗務所から選任された寺族が参加する寺族中央集会という研修会を開催しているが、そこでは寺族としての生活の感想や宗門に望むことをテーマに、班別のグループ・ディスカッションがおこなわれる。しかし私のまわりでも、毎年のように宗門に要望を出しているがそれに対する応答は鈍く、進展が見られないという声が多く聞かれている。教団執行部からの出席者が少なく質疑応答の意味がない、という厳しい意見すら出るようになったという（神作　二〇〇二）。これでは何のための中央集会かわからないという思いから、近畿地方の寺族たちは彼女たちの学びの会を立ち上げたのである。[12]

実際、教団執行部への要望書と質問は、九州管区寺族会も二〇〇二年に提出している。そこには、特定代務者の権限の拡大、寺族規程の明確な解釈、宗制を僧侶と寺族がともに学ぶ機会、寺族研修の内容充実、相談窓口の設置などが要望としてあげられている。しかし、教団の教学部指導課からの回答の骨子は、宗門の教学上における研究も進めなければ現行では十分な回答はできない、というものであった。これはほんの一例であるが、寺族たちがさまざまな疑問や怒りを声にして教団に投げかけるたびに、「今後の課題にさせていただく」という現状維持に向けた応答が、彼女たちの思いを裏切ってきた事実は否定できない。

また、二〇〇一年には、関東地方の寺族会や曹洞宗婦人会で役職を務めていた寺族たちが中心になり、「寺族友の会」が発足した。この会が結成された背景については「女性と仏教東海・関東ネットワーク」編集の二〇〇四年の本の中で萩野頼子が述べているが、夫であった住職が死亡した年配の寺族が、長年寺院運営に貢献してきたにもかかわらず寺を退去させられたことがきっかけであったという。この寺族女性の境涯への同情と教団の制度への疑義から、役職者の僧侶を招き寺族にかかわる問題を話しあう会合や経典の学習会が始められたのである（女性と仏教東海・関東ネットワーク　二〇〇四：二四九―二五〇）。九州管区寺族会同様、「寺族友の会」も教団の女性のための相談窓口を要望のひとつにあげて活動していた。当然のことながらこの背景には、寺族に関する制度の不備が、さまざまな問題を生みだしていることへの不満があった。(13)

相談窓口の開設に関して、私は教団のジェンダー問題について講演する機会を得るたびに、一九九六年に真宗大谷派で開設された「女性室」の資料を紹介するように努めてきた。大谷派の女性室は、宗門における性差別の是正と男女平等参画の理念にもとづいた教団運営をめざして、一九九六年に単なる委員会ではなくひとつの部署として設立された。女性室のスタッフは男女両方で構成され、公開講座や「女性会議」を開催し、広報も発行している。大谷派の友人たちが女性室にかかわっていたことから、私は設立当時から非常な関心をもっていた。教団のジェンダー問題は女性の制度上の位置づけに限定されるものではなく、女性室が掲げるような、平等な両性が形作る教団のヴィジョンにもとづいて議論されるべきだと考えていたからである。もちろん、大谷派の女性室のようなものが曹洞宗ですぐに設立されると思っていたわけではないが、他宗派の先駆的取り組みから学ぶことは重要であり、多くの人に知ってもらいたいと思ったのである。実際、志のある宗議会議員の僧侶が、女性室を視察したこともあった。(14)「まず女性の声を聞くことから始めたい」という女性室のスタンスは、曹洞宗で高まっていた、寺族たちの要望や悩みを教団に伝え一緒に議論する場が欲しい、という声と呼応しているように思えた。

このように、教団はさまざまな場所からあげられる寺族たちの声を無視できなくなった状況をふまえて、二〇〇四年に「寺族の相談窓口」を開設した。この窓口が準備段階にあったとき、私や友人たちはある種の期待をもって注視していたのであるが、実際に出来あがったものは、宗務庁内の指定された電話番号にかけると日替わりで電話番を担当する事務職員や役職者が相談員として相談を受けるシステムであった。広報などに掲載された相談窓口の説明には、相談は匿名でも受理され、寺族の日ごろの苦労、悩み、疑問点などに対応する、と記されていたが、必ずしも寺族に関する制度や実情に詳しい職員が相談員を担当していたわけではなかったとも聞いている。[15] しかし、「寺族友の会」をはじめとして、この電話相談窓口が立ち上がったことを、現状維持から少なくとも一歩は前進したと、受けとめた女性たちがいたことは事実である。

語りだす寺族たち

その後二〇〇六年になって、教団は寺族と教団執行部とによる「公聴会」の開催を決めた。第一回目の「『寺族の相談窓口』についての意見などをお聴きする会」と題された会は、相談窓口に特化したものではなく、寺族をとりまくさまざまな問題や要望を教団が寺族から聴く場として開かれた。これに先立ち、教団は広報を活用して、全国の寺族から短いエッセイのかたちで意見や要望を募集した。ネットワークの曹洞宗のメンバーの女性たちはもちろんのこと、各地の寺院で問題意識をかかえながら生活してきた女性たちにとって、「公聴会」の開催が大変な朗報であったことは間違いない。[16] その結果、ネットワークのコア・メンバー数人を含む八人が、登壇者として公聴会で意見を述べることになったのである。

私は二〇〇六年の一二月に公聴会に参加するために宗務庁を訪れたとき、全国から参集した寺族やこの問題に関心をもつ僧侶、あるいはかかわらざるをえなくなった役職者などによって埋め尽くされた会場で、時間の流れを実感していた。一二年前の一九九四年に初めて「寺族問題」について『宗報』で意見を述べ、僧侶相手の研修会で講演し、曹洞宗の学会で発表したころ、こんな光景を私は想像しただろうかという思いに胸を打たれていたのである。会場には、筆者が講演会などを通じて出会った、問題関心を共有する、中国、東北、近畿地方などの男性僧侶たちの姿や、それまで手紙だけによる交流があったり、書いたものをとおして名前のみを知っていた、各地で活動する寺族たちの姿もあった。壇上の発表者たちにフロアから誇らしげに拍手を送る各地の寺族たちの思いが、同じフロアにいた私にも伝わってきた。発表者たちは地域も年齢も寺院の規模もさまざまであったが、それぞれが宗門に対して臆することなく意見を述べていたのである。この第一回目の公聴会のことを「寺族問題の山が動いた」とある友人が評したのもうなずけるほどの高揚感が、会場では感じられた。

公聴会ではまず友貞寛子が、宗門内の弱者である寺族の存在に、教団がもっと目を向けるべきであることを訴えた。続いて発表者たちからは、相談窓口のしくみや相談員の資質への疑義、管区寺族会をすべての管区で発足させる必要性、研修会や出版物の充実などが個別の課題としてあげられ、宗門が寺族たちの要請に真摯に対応すべきであるという発言がなされた。しかし、なによりも寺族たちの関心が集中したのは出家主義と寺族の位置づけについてであった。九州管区寺族会の永野陽子が紹介した、「住職の　亡きを理由に寺を去る　寺族の運命　明日の我が身」という歌や、鏡島真理子の「私たち寺族の立場は空気のようなものです」という発言、あるいは神作喜代乃の、「曹洞宗は出家教団だから、本来寺族はいないのだ」という人にも「配偶者がいらっしゃいます」という皮肉や、永島慧子による、出家仏教と在家仏教の狭間におかれている寺族は「男性社会にとって都合のいいように采配されている」という批判を、私は目をみはる思いで聴いていた。それらはみな会場の寺族たちにとっても、彼女たちがかかえてきた、しかし言語化されにくかった数々の疑問や怒りや痛みが、教団執行部の男性僧侶たちに向かって投げかけられた、地を揺るがすようなモーメントであったといえる。「寺族友の会」の副会長であった萩野頼子の、「今こそ宗旨の矛盾点を現状とあわせ考え、是正すべき時期」という総括発言を聞きながら、私は、一二年の間これと同じ主張を研修会のたびに訴えてきたが、ついに寺族たちが連帯してこのような異議申し立てをおこなう場の証人になれたことに、ある種の誇りを感じていた。[17] 質疑応答の際、寺族の側から偽りの出家主義の限界が露呈された意義は大きい、という感想を私も述べたが、会場の寺族たちが賛同してくれたことはとてもうれしかった。

次の二〇〇七年から公聴会は、「『寺族問題』についての意見等をお聴きする会」と名前を変えて開催された。また、前年度の発表者のなかから四人（そのうち二人はネットワークのメンバー）が「曹洞宗寺族の相談窓口運営委員」に任命され、公聴会の企画立案や執行部との意見交換に参加できるようになった。この年には田中良昭駒澤大学名誉教授による「『寺族問題』に関する歴史的経緯と宗門の取り組みについて」と題された非常に中身の濃い基調講演があった。二〇〇七年の公聴会で特筆すべきことは、長く教員を務めてきた男性僧侶の吉田廉士が登壇者として発表し、寺族の問題は後継者問題などに矮小化されるものではなく、すべての宗門関係者の人権感覚を問いただす重要課題であるという立場を明示し、今こそ男女が平等である生き方の実現が教団で求められている、と主張したことであった。さらに、質疑応答の際、ネットワークから意を決して参加したある女性が、夫である住職が死亡したら寺を出されるような不安をかかえた母親が、子供に寺の後継者となるような立派な教育ができるはずがない、という意見を述べたとき、会場から拍手が起きたのは感動的ですらあった。

沈黙する教団

しかしこの翌年から公聴会は求心力を失っていったように思える。運営委員の寺族たちも、寄せられる意見や参加者が減ったことを憂慮していた。関心が薄れた要因は、寺族の当事者性をふまえた真摯な問題提起に対する教団側の回答が、主体の所在がわからない不明瞭なものに終始したことが大きいと思われる。言い換えれば、問題点は出尽くしたはずであるのに、女性たちが望むようなかたちでの具体的な応答はほとんどなされなかったということである。回を重ねるごとに、寺族のあいだに苛立ちと無力感が広がっていったのは当然の帰結ともいえよう。また、もともと匿名で意見を寄せた寺族もいたが、公聴会で発言した寺族が、地元で誹謗されるような不幸な出来事もあったという(18)。

二〇〇八年の第三回目の公聴会の基調講演のテーマは、「寺族（准教師）喪儀法（案）について」であった。つまり、寺族の葬儀を檀信徒同様に在家として執り行うか、あるいは「出家」である僧侶に準じた扱いにするのか、葬儀法の制定をめぐる話がなされたわけである。宗門によると、かねてからの要望と必要性によりこのような研究が教団の研究所で進められてきたというが、この要望の主体が誰なのかについては大きな疑問が残る。確かにこれは、教学上興味深い研究対象であることは理解できる。しかし、公聴会や寺族の研修会で、女性たちが自分たちの葬式のやり方を制定してほしいという要望を出した事実を私は知らない。この制定を推し進めようとした背景には、寺族の位置づけを明確にするために、なにか方策を具体化したいという善意があったとは聞いている。しかし、この「喪儀法」が彼女たちの日常の経験から乖離した議論であったことは否定できない。実際に、私の友人である寺族たちは、釈然としない思いをかかえて会場を後にしたと語っていた。この喪儀法をめぐる批判については、粟谷良道の優れた論考があるので詳細はそちらに譲りたいが、粟谷も、准教師資格をもつ寺族が出家なのかあるいは在家なのかの位置づけの問題をあえて不問にしたまま、寺族に特化した儀礼を制定化することに疑義を呈している（粟谷　二〇一二）[19]。つまりこのことは、寺族が出家とも在家とも位置づけられない、教義と制度上のあいまいなカテゴリーであることをさらに強調したようなものともいえる。

二〇〇九年には第四回目の公聴会が開催されたが、大阪と三重からのパワフルな発表者に加えて、寺族から女性僧侶になった発表者が登壇したにもかかわらず、第一回、第二回で見られたような寺族自身から沸き立つ高揚感が戻ってくることはなく、私も友人たちも落胆する結果となった。また、会場で配られる公聴会の冊子には、発表者として採択されなかった意見も掲載されているのだが、登壇者の発表のなかには、寺族問題との関連を欠くあきらかに場違いな内容のものもあり、なぜもっと適切な意見のほうを採用しないのか、という不満の声が聞かれていたのを記憶している。このときの教化部長による基調講演は「寺族は菩薩さま」と題されていたが、その論点は、寺族が檀家の悩みを受けとめる「菩薩」のような存在であれば、寺から追い出されることなどないであろう、というものであった。この僧侶の発言が善意にもとづいていたとはいえ、自分の身は結局自分で守るしかないのかと失望し、どれだけの問題提起を重ねていけば理解が得られるのだろうかと、さらなる無力感を味わった寺族も少なくなかった。

公聴会の締めくくりでは、宗門寺族の思いに誠心誠意応え寺族の痛みに耳を傾けたいなどの言葉が執行部から述べられ、公聴会を長期的なものに続けたいという説明も教団側からなされていたように思う。しかし、四回目の展開に納得できなかった私は、曹洞宗女性僧侶の飯島惠道とともに、公聴会全般を見直す時期にきているのではないかという提言を『週刊仏教タイムス』に連名で執筆した。その中で私たちは、教団が女性僧侶や寺族など多様な宗門女性の声を平等に聴き議論の場をより民主化したうえで、新しい教団のヴィジョンに向けた宗学を論じるべきであることを強調した[20]。

公聴会が残した課題

この翌年の二〇一〇年に第五回目の公聴会は「寺族を取りまく諸問題についての意見等をお聴きする会」と名前を変えて開かれた。この前年から教団では教学審議会専門部会のひとつに、宗門の役職者と有識者からなる「寺族に関する専門部会」を設け、寺族の位置づけの明確化などをめぐり答申を出すべく審議を続けていた。ここにはごく少数ではあるが、寺族と女性僧侶も委員として参加していた。女性が委員に登用されたことは、曹洞宗教団の取り組みとしては画期的といえるのかもしれない。しかし、後述するように、真宗大谷派がこの一五年も前の一九九四年に組織した女性の宗門活動に関する委員会は、一九名の委員中一五名が女性で構成されていた（羽向　一九九九：一二三四）。この事例と比較すると、教団執行部には、女性に関する事柄の決定権は当事者である女性がもつべきであり、教団の「弱者」である女性たちの声にまず耳を傾ける必要がある、という認識が欠けていたと言わざるをえない[21]。さらに、私も「紅一点」として出席させられる委員会などで感じることであるが、すべての女性の意見を唯一人の女性によって代弁させようとすることは、その女性を困難な立場におく理不尽なことでもある。

　実質上最後となったこの五回目の公聴会は、近畿の「寺族の学び」の会と東北管区寺族会からの発表者に加えて、長野県で独自の教化活動を続ける教区からの発表者が登壇し、主体的で多様な取り組みが寺族のあいだで広がっていることをうかがわせる興味深い内容であった。公聴会の後半は、一人を除いてメンバーが入れ替わった運営委員の寺族四人と寺族問題に長年関与してきた男性僧侶二人によるパネルディスカッションがなされた。会場は前年にもまして閑散としていたが、それは予想できたことでもあった。質疑応答では、寺を強制的に出された寺族の係争の具体的な事例をはじめ、寺院の人間関係が生みだす寺族の苦境が語られたが、私が驚いたのはひとりの年配の寺族による発言であった。この女性が、自分は物知らずの年寄りであるという前置きから始めたとき、一〇年ほど前にオブザーヴァーで参加したある寺族の集会で、「わたくしはこの年まで夫である方丈《ほうじょう》様の後ろ姿だけに従って生きてきたことを誇りにしている」と感極まって述べた年配の寺族の姿を、私は思い出していた。ところが、この公聴会の年配女性は、「最近の男性僧侶はえらそうにしていて常識がなく、寺族に関する理解もないのでもっと勉強してもらいたい」という旨の発言をしたのである。私はこれを聞いて、私が言うべきことなど今日はもうないのでは、と思ったほどであった。さらに、私の友人で初代の運営委員も務めた永野陽子が声をつまらせながら、公聴会が同じ受け答えの繰り返しで前に進まないのはなぜなのか、問題があるならば宗制を見直せばよいのであって、それをしないから宗教者として許されない問題が起きているのではないか、宗門が曹洞宗のことを大切に思うのであれば本気でやってほしい、と述べたとき、私も胸がつまる思いで彼女の横で発言を聞いていたが、会場の寺族の誰もがこの願いを共有していたと思う。

しかし、翌年になって宗門は二〇一一年の公聴会を休止することを決めた。この理由は運営委員たちでさえもはっきりとは把握していないそうである[22]。その後、相談窓口に関しては、ウェブ上での相談受付が開始されることが知らされたが、この五回に及ぶ公聴会で提示された問題点やそれをめぐる議論、さらにそのことにどのように宗門が対応していくのかに関する、総括的な報告はなされていないのが現状である。このような顛末が教団の女性たちの思いを裏切るものであったことは言うまでもない。彼女たちは、自分たちの心の叫びを教団の男性僧侶たちに届ける回路としての公聴会に全国から参集した。またそこは、経験を共有する仲間たちと出会い語ることができる場でもあった。そうであるからこそ公聴会では、沈黙してきた地方の寺族たちがさまざまな思いをこめて言葉にする日々の苦労や男性僧侶への疑問に対して、フロアの寺族たちから惜しみない拍手が贈られていたのである。

しかし私は、この五年に及ぶ公聴会が、寺族にとって意味のないいわゆる「ガス抜き」の場であったなどとは思っていない。私が手ごたえをもって感じとったのは、「シングル・イシューによる連携の政治」である。上野千鶴子によるとこれは、情勢分析や戦術を完全に共有できなくても、「ただこの一点だけで合意できればつながることができる」という連携のあり方のことである（上野　二〇一一：二七四―二七五）[23]。寺族たちは、地域や寺院規模や年齢、さらにはジェンダー問題への関与度のなどのさまざまな差異をこえて、寺院生活の実情を省みずに偽りの出家教団を固持する男性僧侶の集団への異議申し立てと寺族女性たちの位置づけの明確化、というシングル・イシューにおいて、連帯することが可能となったのではないか。

私は、本来であれば六回目の公聴会が開かれていたであろう二〇一一年の冬、「寺族友の会」の集会に参加した。寺族問題に理解と共感をもつ教学部長が講師で招かれていたが、もはや出家集団ではないのになぜ寺族の位置づけを見直せないのかと、宗制のみならず宗旨にまでも踏みこんだ問いがいくつも投げかけられ、比較的「穏健派」の寺族が集まる会でさえも、私の予想以上に宗門に対して批判的な立場をとっていることに驚きを覚え、一〇年ほど前にこの会合に参加したときとの質的変化を実感したのであった。

補佐あるいは、ともに

実は、寺院生活の中で寺族を教学的にどのように位置づけるかをめぐっては、私がこの問題にかかわりをもつ以前の一九九一年から約二年間にわたって、曹洞宗の現代教学研究会で女性僧侶二人を含む研究者たちによって討議されてきた。しかしその貴重な成果が、前述の教学審議会の「寺族に関する専門部会」にどの程度まで反映されているのかは不明瞭なままである。

二〇一一年の六月に開かれた教団の宗議会では、寺族問題の専門部会から教学審議会への答申の内容が報告されたが、その中には曹洞宗寺族規程第一章の第二条に書かれた寺族の任務規程の変更案が含まれていた。三章で述べたように、大多数の教団は、寺院運営における住職の「補佐」を寺族の任務に掲げている。現行の条文には「寺族は、住職を補佐し、寺門の興隆、住職の後継者の育成及び檀信徒の教化に努めなければならない」とあるが、答申は寺院における寺族の貢献を軽んじるかのような「住職を補佐し」という文言を「住職とともに」に変更する案を提示した。翌年二月の宗議会でこの寺族規程の文言変更案は「満場一致」で可決された。しかし、原案にはなかった文言も付加され、条文の前半部は「寺族は本宗の宗旨を信奉し、住職に協力し、ともに～」と最終的に決められた。「ともに」の前に「協力し」を入れた背景には、「補佐」を削除すると寺族が「代表役員である住職と同等の印象を与えかねない」との懸念をもつ議員の委員がいたために、「バランスをとる狙い」があったと報道されている（『中外日報』二〇一二年二月二八日）。つまり、住職と寺族とはあくまでも序列を前提としたうえでの寺院運営活動の両輪であるべき、という意味であろう。実際、この規程変更について、私が信頼するある地方役職者の僧侶は、「住職と協力し」ではなく、「住職に協力し」であるところに歴然とした主従関係を感じる、と指摘していたが同感である。また、この変更が公表された直後に『寺門興隆』誌では、「住職補佐ではなく住職と共にと寺族任務が変更された訳」という特集を組んだ。そのなかでは、私の友人でもある寺族たちが、いまだに寺族を「宗憲」に取りこめない宗門が、この程度の文言修正をしただけでは現実はともなわない、と教団に苦言を呈している。さらにひとりの男性僧侶は、この修正は逆に、寺族に僧侶と同等の権限を認めずにあくまで出家教団を貫きたいという宗門の意思の象徴ともとれる、と厳しい意見を述べている（『寺門興隆』二〇一二年四月・

一四―一九)。

私は曹洞宗での講演の中で、真宗の坊守《ぼうもり》の任務規程について紹介したことがあるが、実際、浄土真宗の大谷派では、現行とそれ以前の大谷派の寺院教会条例が定める坊守の任務を、「住職の補佐」としてではなく「住職とともに」寺院の興隆発展に努めるとしている。しかし、次節で述べるように、「男女両性で形作る教団」を理念にしている大谷派でもジェンダー不平等は顕在化している。坊守の友人たちからよく聞くのは、「数え切れないほどの責務を負わされていながら発言権はない」という言葉である。(24) 寺族の任務規程に、住職と「ともに」寺院の発展護持に努めることが記されていても、女性による教化参画が実質化されない場合はある。言い換えれば、文言の修正だけが問題を解決することはなく、求められるのは、宗門構成員の意識の変革である。男性僧侶が制度の中の抑圧や不公正の問題に、それを作りだしてしまった一方の当事者として向き合い、自らの課題として寺族と「ともに」ジェンダー平等的な教団の再想像にかかわっていくことこそが必要なのである。

そして同様に、現行の「宗憲」における寺族を定義する条項の変更に関しても、文言の修正に男性僧侶側の意識変容がともなっていないのであれば、変更自体に大きな意味は見出せないであろう。(25) つまり、「配偶者」が寺族にあたることを示す文言が宗制に入ったとしても、それがジェンダー平等的な教団の構築に直結するわけではないのである。(26) この点に関して、宗門の男性僧侶の立場から粟谷良道が述べている、現代の寺族をめぐる問題は、曹洞宗教団が「『出家仏教』の立場のみを懸命に維持しようとしてきた」ために直面している問題のひとつであり、出家の立場と在家の立場を共有する「複眼的な視点で捉えなおして行く方向」を教団として探っていかなければ解決できない、という認識は重要である（粟谷　二〇一〇：一二―一三）。

さらに、繰り返しになるが、現状の是正に向けては、ジェンダーの視点による男性僧侶側の深い内省と自己批判、すなわち第一章で述べた「脚下照顧」が求められる。私が思い浮かべる事例は、キリスト教の聖公会における女性司祭を認めるか否かをめぐる論争である。英国の聖公会では男性が聖職を独占してきたことについての批判が高まり、一九九二年に女性司祭按手を認める決定を下した。エディンバラ主教の地位にあったリチャード・ホロウェイは、『教会の性差別と男性の責任』と題する編著の中で、男性司祭たちは教会が女性を従属させ差別してきた事実によって女性たちから告発される側にあり、悔い改めの行為として本書を著した、と述べている（ホロウェイ　一九九五：一一）。ホロウェイは、「キリスト教の男性たちが共謀して女性たちを自分たちの割り当てた場所に押しとどめておこうとする」（ホロウェイ　一九九五：二二）歴史への贖罪を語っているが、仏教の男性僧侶にも同様の自覚が必要なのではないだろうか。

このことと関連して、興味深い指摘がある。瀬野は曹洞宗教団ではここ一〇年ほどの間に「出家」という単語が「僧侶」へとシフトしつつあり、出家という語が用いられるのは寺族の定義について議論する場に限られてくるようになった、と述べている（瀬野　二〇一一：四三五）。もちろんこれは、出家者の理念がほぼ消滅したという意味ではなく、僧侶の妻帯が出家の理念の置き所となった、という意味である。彼女の観察が正しいとすれば、この変化は一般社会から伝統仏教に対して公益性や社会参画の要求が高まっている風潮と関連しているのではないか。つまり、出家の立場では社会にかかわるのが難しいと思えることから対外的には出家のイメージを強調しにくくなった。そのために、

「出家」の最後の置き所は、「妻帯」に関する領域になったのではないのか。このひずみは、男性僧侶の伴侶である寺族女性をあいまいな位置づけに留めおこうとする現実と、無関係とはいえないであろう。ここにも私は、自己省察をともなわない内と外との二重基準を見る思いがする。

このような状況の中で、近年評価すべき取り組みのひとつとして青年僧侶たちの活動があげられる。曹洞宗の青年僧侶の組織である全国曹洞宗青年会は広報『SOUSEI』を発行しているが、そこには数年前から各地の寺族が寄稿するエッセイや女性僧侶によるルポルタージュが連載されている。[27]青年僧侶たちが同じ教団の構成員である女性僧侶や寺族女性たちと対話を始めたことは、徐々にではあるが青年会執行部の意識が変わりはじめたことを示している。従来は男性僧侶一色という趣きのあった誌面に掲載された宗派をこえた女性僧侶の座談会などは画期的に思えたが、青年僧侶の「婚活心得」の企画も興味深いものであった。僧侶の結婚活動を教団が後押しするケースが増えてきていることは、業界紙のみならず一般紙でも報道されている。[28]真宗とは異なり僧侶妻帯の伝統をもたない日蓮宗や真言宗などの教団で、僧侶の「婚活」を公に支援する現象が起きているのである。この背景には、寺院後継者が配偶者を見つけにくくなったことによる後継者不足の危惧があるのは言うまでもない。中村が批判する汎真宗化現象や僧侶妻帯のなし崩し的容認は見られても、その前提に必要であるはずの、僧侶妻帯に関する内省的な議論が見られるわけではない。とはいえ、曹洞宗青年会編集部による取り組みは、男性僧侶たち自身がなぜ結婚するのかとの問いに自己再帰的に向き合いはじめた第一歩といえるのかもしれない。

私はこのシリーズの「お寺にふさわしい結婚!?」がテーマになった第四回目にコメントを寄せたが、

男性僧侶が結婚し寺族と子供がいる世襲制・家族型仏教を規範とするのではなく、非婚あるいは子供をもたない教団内のマイノリティが排除・疎外されることのない教団の姿勢が必要である、という旨の意見を述べた。言い換えれば、私はすべての僧侶が結婚すべきであるなどとはまったく思っていない[29]。繰り返すが、重要であるのは真摯に出家道を実践している僧侶への正当な評価を含む、自己批判と現実把握をふまえた在家主義宗学の構築であり、功利主義的な現状追従・容認ではない。また教団には、正統性への信念と誇りをもって「出家」をとおす女性僧侶たちが存在する。実際、私と親しい独身・剃髪の女性僧侶たちは、真宗ではなく禅宗僧侶としての生き方を選んだ時点で、結婚しないまま剃髪の僧侶として生きる生き方を選んだはずである、と語っていた。彼女たちにとっては有髪でパートナーがいる生き方のほうがずっと生き難いものに感じられる、という現実を忘れてはならない。

作りだされた対立　寺族と尼僧

ここまで男性僧侶の配偶者たちをとりまく問題について論じてきたが、女性僧侶あるいは尼僧の問題はより複雑である。女性僧侶をとりまく問題については前著でも述べているが、この問題は当事者である彼女たちによって語られるべきであると考えている[30]。ここでは、男性僧侶が標榜する出家主義との関連について簡単に述べることにしたい。教団内で寺族の現状据え置きを望む保守層の男性僧侶が好む言説に、寺族の地位向上は尼僧が反対するので望ましくない、というものがある。このような寺族と尼僧を分断し対立させる構造に、最も初期の段階で注目した内野久美子は、結婚して寺院に住む寺族と剃髪で非婚の女性僧侶の両者の地位向上が、結果として両者を反目させる立場におく矛盾を生みだす要因は、教団が建前として出家主義の立場を崩していないことにある、と一九八二年の論文で看破している（内野 一九八二：三九）[31]。内野は明治初期から昭和後期までの曹洞宗の尼僧史を概観し、男性僧侶による差別と抑圧に対して女性僧侶たちがどのように反応してきたのか、詳細に論じている。女性僧侶で教団の歴史上唯一の宗議会議員になった小島賢道が、宗議会で妻帯僧侶を破戒僧と痛烈に批判した逸話からもうかがわれるように、「名実ともに出家集団として歩む尼僧」が「建前として出家の問題を考える」男性僧侶によって従属させられている現状が、男性僧侶によって尼僧よりも優遇されているかのように見える寺族の存在への危機感と対抗心を生みだすのである（内野 一九八二：三二）。言い換えれば、これは男性僧侶によって作りあげられた構造的対立にほかならない。このような対立は、根本的には、宗門における男性僧侶の出家の理念が形骸化して、出家道を歩む女性僧侶たちを正当に評価できなくなったことに起因している。

二〇一二年現在、教団が示す、得度した女性僧侶の数は一二五二人である。しかし、これは女性住職の数ではなく、このなかには、いわゆる寺の跡取り娘で寺を継ぐために得度した女性たちもかなりの数含まれていると予想される。既述の二〇〇五年の宗勢総合調査報告書によると、二〇〇五年の女性住職の数は三五六人であり、これは全住職数のわずか三・三%である。しかし、一九六五年には全体の六・二%にあたる七四四人の女性住職がいたのである。高齢化が進み、尼僧の数はどの伝統仏教教団でも減少しているが、その主な理由は彼女たちが教団の構造上、男性僧侶に比べて劣位におかれていることにある。尼僧寺院が経済的に苦しい状況にあることに加えて、修行を積んだ年長の尼僧であっても、年下の男性僧侶よりも末席に座ることを当然視され、儀礼の中で補佐的な役割を務めさせられることは現在でもさほど変わっていない。最近、若い女性のあいだで「憧れの尼さんになろう!」などと、お手軽に尼僧さんの修行体験を味わう一種の尼僧ブームがみられる。[32]だが、独身の女性僧侶のおかれた現実の厳しさには、もっと目を向けるべきであり、この若い女性たちも仏教界の性差別を知ったら失望するのではないだろうか。

伝統的に、出家教団の尼僧は尼僧が住職を務める寺の養女として育つ場合が多かった。そのような背景をもつ、「女性と仏教　東海・関東ネットワーク」のメンバーの飯島惠道は、伝統的な尼僧は「自然消滅」もありえると述べ、その理由を「一生不犯」で「世襲せず」という姿勢を崩さなかったゆえの結果、と指摘している。そして、男性僧侶のきらびやかな結婚式やスーツ姿は世間の常識になっているが、尼僧の結婚や洋装はおおむね不適とみなされることにも批判的に言及している(飯島二〇一〇:二四)。言い換えれば、女性の側には、より伝統的な戒律遵守の生き方が期待されているのである。出家教団の男性僧侶のほとんどが独身性を放棄しているのに対し、女性僧侶は独身を保つことが望まれるのは、彼女たちが矜持をもって出家主義を貫いている場合も多いが、それ以上に二重規準的なジェンダー観が介在していると思われる。男性僧侶は教化活動に専念するために結婚し雑務を妻に任せることを期待されるが、女性僧侶の場合は、夫や子どもをもてば宗教者としての職務よりも家事や育児が優先されると、世間一般は思いこむ傾向があるのではないか。事実、キリスト教の場合もこれと同様の構図が見られる。そのため、結果的に信者は、献身的に教会の雑務を引き受ける妻をもつ男性牧師を、自分たちの教会に迎えることを望む傾向が強いことが指摘されている。[33]

一方、内野も二〇年前に述べていたように、伝統的な出家型尼僧とは異なる、有髪で婚姻生活と僧職の両方を行う尼僧が増えてきているのもまた確かである（内野　一九八二：三八）。現在、女性僧侶の生き方は多様化しつつある。女性と仏教のネットワークには、飯島のような伝統的な女性僧侶もいれば、寺の娘で会社員の夫をもつが有髪のまま修行して生家の寺を継いだ日蓮宗の女性住職や、結婚生活を続けながら剃髪し、僧侶である夫とともに法務を務める天台宗や曹洞宗の女性僧侶、有髪のシングルマザーである曹洞宗の女性僧侶などさまざまな「尼僧」が活動している。またこのことは、男性僧侶によって作られた分断構造が生みだす尼僧と寺族との不毛な対立をこえて、女性僧侶と寺族女性との連帯や協働が可能であることを示している。女性僧侶と寺族とが連携して仏教改革運動を進めていこうとすることは、ネットワーク発足時からの理念なのである[34]。しかしながら、「出家者」は独身を保つべきであるという信念を実践する女性僧侶たちの存在が、現代においても尊敬されるべきであることは再度強調しておく。

反転する寺族像としての坊守

一点確認しておきたいが、これまでの私の論点は、寺族女性たちが正当な配偶者の地位を獲得することを運動の主眼とすべきだとだという主張ではない。僧侶の「認知」された妻としての座に固執することが不毛な戦略にすぎないのは、これから述べる浄土真宗の坊守たちによる運動が示している。僧侶の配偶者を教団の制度のなかに組みこんでいる在家仏教教団にも、歴然とした性差別の問題が存在するのである。さらに、「妻帯僧侶の公認」が、非婚の僧侶たちを排除していくのであれば、そこには新たな差別が生じていくことになる。

曹洞宗のような「出家教団」とは反対に、僧侶の妻帯と世襲相続を教団の基盤とする浄土真宗では、僧侶の配偶者である坊守の規定に関する議論は、あたかも出家教団における議論を反転させたかのような展開を見せている。在家仏教の立場をとる真宗には、宗祖の親鸞が恵信尼を妻とし、子孫をもうけた歴史的事実があるために、見せかけの出家主義を標榜する必要はない。言い換えれば、真宗諸派は僧侶の「妻帯」に付随する妻と子の存在を自動的に教団の礎に組み込んできたといえよう。現行の真宗大谷派の寺院教会条例では、住職または教会主管者の配偶者を坊守と称する（配偶者がいる場合）と定めている。しかし出家教団に見られる議論とは異なり、現状に批判的な真宗の女性たちは、婚姻関係を基盤として配偶者を自動的に「坊守」と位置づけ住職に従属させる教団の制度は、女性たちの主体的な選びをないがしろにするものである、と批判を続けてきた。また、男性住職の配偶者を自動的に「坊守」と規定することは性役割の固定化に等しく、大谷派が掲げる「男女両性で形作る教団」の指針に背くことにもつながる。現在でもこの点をめぐっては、「真宗大谷派における女性差別を考えるおんなたちの会」を中心に、議論が続けられている。

「女性と仏教」のネットワークには、曹洞宗と同様に巨大な基盤をもつ真宗教団（「お東」と呼ばれる大谷派と「お西」と呼ばれる本願寺派）のメンバーが多い。私は宗派をこえて集う女性たちのネットワーク活動を通じて、出家仏教と在家仏教の同質性と差異の両方を深く考えさせられた。出家の理念によって隠蔽される必要のない在家仏教の女性たちは本来であれば差別や抑圧から比較的自由なはずであるが、実際には教義や制度の差異にかかわらず彼女たちも男性僧侶に従属した位置づけにあり、真宗の男性僧侶が説く女性観も出家教団に見られるものと大差はないといえる（川橋、黒木　二〇〇四：九二）。しかし、真宗教団の女性たちが示す、ジェンダー不平等に関する問題意識の高さや制度面での改革を求める熱意が、他教団の女性たちに比べて際立っているのは事実である。それを私に強く実感させたのは、ネットワークの真宗のメンバーたちが長年かかわってきた「真宗大谷派における女性差別を考えるおんなたちの会」の活動である。以下、大谷派の女性たちの運動を中心に、在家主義の真宗教団におけるジェンダー平等運動について考察していく。「おんなたちの会」では輪番制の連絡係が『おんなたちの会にゅーす』を発行し、臨場感をもって女性たちの思いを伝えつづけている。このような、当事者である女性たちの手による多様な資料が、大谷派には多数存在する。私には大谷派の女性たちの代弁者のように振る舞う意図はなく、本章での真宗の女性運動に関する記述は曹洞宗との比較の範囲にとどめたい[35]。また、浄土真宗の本願寺派では、坊守の位置づけや女性僧侶の教化参画をめぐって独自の革新的な取り組みが展開されている。本願寺派の運動に関しては、二〇〇八年にネットワークが主催したシンポジウムでコメンテーターを務めた男性僧侶の池田行信が優れた論考を発表しつづけているため、具体的な内容はそちらに譲りたい（池田　二〇〇二、二〇一一、二〇一二）[36]。

「真宗大谷派における女性差別を考えるおんなたちの会」は、伝統仏教教団の性差別を告発する運動のさきがけである。この会は、教団執行部の男性たちによる女性蔑視発言や、男性と同等の宗教的資格を女性に与えることを強固に阻む姿勢に対して、一九八六年に女性たちが立ち上げた任意の運動体であり、性差別的な条項の改正を教団執行部に要求しつづけてきた[37]。「おんなたちの会」が誕生した背景にはあまりにも有名なひとつの事件があった。

会が発足した一九八六年当時の大谷派では、女性住職が認められていなかった。これは、浄土宗や曹洞宗など伝統的に女性住職を認める仏教教団が多いなか、かなり特異なケースである。例えば女性司祭を認めないカトリック教会では、女性は神の似姿ではない、あるいはイエスは女性を使徒団に加えなかった、などの議論が伝統的に女性排除の根拠として使われてきた(ワインガース 二〇〇五)。しかし、大谷派の場合、なぜ女性は「住職」になれないのか、ということに関する教義上の明確な根拠を見つけることはできない。ネットワーク発足時からのメンバーである尾畑潤子は(彼女は「おんなたちの会」の連絡係を二度務めている)、一九八六年五月のある研修会において、なぜ女性住職を認めないのかという女性たちからの問いかけに対して、教団中枢部の男性僧侶が「女に安心(信仰)が語れるか、ヘンなばあさんが住職になって居座られたら困る」という差別発言をしたことが立ち上げの引き金になったと述べている。さらに尾畑は、この発言には男性が教えを説き女性はそれを聞く罪深いもの、という真宗の女性観が露呈されている、と説明している(尾畑 二〇〇八:二)。このような執行部によるあからさまな差別発言に対する女性たちの怒りが、その年の年末に女性たちを結集させたのである。その後一九九一年に女性住職は誕生したが、この暴言事件は記憶のひとつのモーメントとして、さまざまな女性たちによって教団の中で語り継がれている。二〇一一年の「おんなたちの会」発足二十五周年の全国集会で教団の女性研究者である山内小夜子が会の歴史的背景について報告をしたときにも、執行部の差別発言に対して女性たちが疑義を呈し、その声が要望書となって教団に提出されたことが、会場の女性たちによって共有される記憶として語られていた。(38)

この一九八六年当時というのは、女性司祭を認めていなかったキリスト教の日本聖公会において、女性司祭の叙任を求める議論が高まってきた時期と呼応している。[39] 男性しか司祭あるいは住職になれなかった聖公会や大谷派の場合、女性司祭や女性住職の実現を機軸に、運動のターゲットを比較的明確に規定することができる。これは、女性住職がすでに存在していた出家教団の中で、いわば不可視の存在であった寺族たちのジェンダー平等実現の運動とのひとつの相違点である。そのため、男性中心主義的な制度に対する曹洞宗の女性からの抗議の声が、大谷派のようには高まらなかったことも理解できる。

曹洞宗だけでなく真宗においても、制度上の性差別問題を論じる公の場に、女性は参入できない状況が長く続いていた。ほとんどの教団が組織運営に議会制をとっているなか、現在でも最高議決機関である各教団の議会に女性の議員は数えるほどしか存在しない。しかし二〇〇五年に、真宗大谷派では二人の女性僧侶をはじめて議会に送りだした。発足二〇年を迎えた二〇〇六年の「おんなたちの会」のニュースレターは、「祝女性議員誕生」という横断幕の写真付きで、この快挙を誇らしげに伝えている。[40] 女性議員の誕生は、大谷派で女性運動にかかわってきた女性たちに大きな喜びをもって受けとめられたが、私のような他教団の女性たちにも勇気を与える出来事であった。

さらに大谷派が他教団に先がけて一九九六年の暮れに実現させたものに「女性室」がある。大谷派が設立した女性室は、他教団で運動をする女性たちからもひとつのモデルとみなされてきた。女性室は一四年の歴史をふり返って、「男女両性で形作る教団をめざして――女性室の歩み」というギャラリー展を二〇一一年に開いた。そのリーフレットには、「女性が男性中心の教団機構を従属的に補完すること」を教えとして説いてきた教団の姿勢への反省と、「信心の課題」としての両性平等的な教団への願いが記されている。ネットワークのメンバーで「おんなたちの会」の連絡係でもあった藤場芳子は、二〇〇二年から「女性室」のスタッフを務めている。彼女は「女性室」が記念事業のひとつとしておこなった「ジェンダーかるた」作成作業の中心であった。藤場は、教団の性差別改革の姿勢が、女性差別はいけないという観念的認識にとどまっていることを憂慮し、「性差別をどうしたら『自分のこと』として意識化することができるだろうか」という問いをかかえていたという（藤場 二〇一一：一五九―一六〇）。その中で、性差別の問題の原点に立ちもどり本音で語るために、三年の時間をかけて女性たちが意見を出し合い作りあげたものが、『女（ひと）と男（ひと）のあいあうカルタ（ことば集）』であった。「住職の　子守じゃないのよ　坊守は」や「葬式で　女の坊さん　珍しい？」などの句には私も共感させられた[41]。

私はこのカルタを見たとき、以前に読んだ、聖公会で女性司祭実現運動にかかわっていた女性たちの『牧師夫人のいろは歌』を思い出した。そこには、「礼拝の　席は一番　後ろです」や「おだやかに　微笑み絶やさず　でしゃばらず」などの句が紹介されていた（北川 二〇〇三：三六）。このような句は、教団の多くの男性から見れば、問題化される必要も価値もない日常的な風景でしかないであろう。しかし教団の女性たちは同じ現実に無力感や痛みを感じてきた。彼女たちの思いに共感し、苦を共有し、行動につなげてほしい、という願いがカルタやいろは歌には込められている。

先に、曹洞宗の女性運動は、出家教団という虚構への異議申し立てにほぼシングル・イシュー化したと見ることができると述べた。一方、大谷派の女性たちの運動は、女性住職実現と並んで、曹洞宗の寺族問題に匹敵する「坊守問題」というもうひとつの重要課題をかかえている。真宗では宗祖親鸞と妻恵信尼とのあいだの夫婦関係を宗教者のロールモデルに掲げ、それにもとづく「同行の者としての僧侶と妻」を寺院運営の理想像のようにみなす傾向が強い(42)。この意味で真宗では、僧侶の配偶者女性をひとつに固めるアイデンティティの置き所として「坊守」が存在するように筆者は感じていた。当然のことながら、出家教団の女性にとっては、尼僧のロールモデルは歴史上存在しても、僧侶の妻のロールモデルというものはありえないのである。

大谷派の坊守の位置づけをめぐる議論の変遷は、教団部外者にはきわめて複雑に思える。以下、「おんなたちの会にゅーす」や女性室の広報誌に加えて、ネットワークの大谷派のメンバーによる詳細な分析を参照しながら、出家教団との比較の観点から議論の要点を述べてみたい(43)。一九九一年に女性が住職に就任できるようになったことは、それでは女性住職の夫は坊守になれるのか、という新たな問いを投げかけた。二〇〇五年に女性室は、一九九一年および一九九六年に改正された条例においてもなお、女性住職の配偶者である男性については坊守の資格を認めないという法規が教団に存在することは、性別を根拠とした適用除外であり、男女平等参画の理念に反するのではないかと広報誌で批判的に指摘した(44)。さらにもうひとつの問題は、坊守の資格に関する条例が、「住職の配偶者を坊守と称する」という婚姻関係を大前提としたものになっていたことである。「おんなたちの会」もこの点を問題視し、数年間にわたって議論を続けていた。前述の尾畑がまとめているように、条例改正後に「おんなたちの会」では教団に対して、坊守を「住職の配偶者」に限定すべきでないことと、坊守は「真宗門徒の名のり」によって自覚的な選びと責任にもとづいて担う職務であることを提起した

（尾畑　二〇〇四a：四九）。

その後大谷派では、二〇〇八年にふたたび条例が改正され、坊守の資格は女性に限るという性別規程の条項が撤廃されたため男性坊守の就任が可能になった。ところが、配偶者を坊守とするという条項のほうは残されることに決まったのである。坊守の位置づけをめぐる一連の議論がこのようなかたちで終結したことに関して、宗議会議員の旦保は、「逆行」であり、私的な婚姻関係の「夫と妻というとてもプライベートなところで配偶者には坊守という名前をつけられてしまう」流れが出来てしまったことを疑問視している（旦保　二〇一一：四九―五〇）。配偶者を自動的に坊守と規定することは、「個々の主体的な選びを認めることもなく住職の進退によって坊守の立場が決められていくこと」（尾畑　二〇〇四a：四五）だという尾畑や旦保たち真宗女性の問題提起は、曹洞宗など出家教団の僧侶の配偶者女性たちがめざそうとしている方向との対比を鋭く示す、きわめて啓発的で示唆に富むものであった。

在家主義教団においては、僧侶の妻を寺院と教団の基盤に明確に位置づけた結果、かえって男性僧侶に従属した性役割が強まっていった伝統がある。これは、「おんなたちの会」の女性たちが疑義を呈してきたように、家庭内の夫と妻の関係がそのまま寺院の住職と坊守の関係に置き換えられたことを意味する。[45] 出家教団の寺族女性たちが不安定な位置づけによって無力化されているのに対し、在家教団では僧侶の妻は模範的な「坊守」像を自己の意思に関係なく課せられてきたといえる。しかし、私が出会ったなかには、「妻帯」を認める在家教団の「正当な妻」としての「坊守」の他宗に対する優位性を誇る女性がいることも事実である（川橋、黒木　二〇〇四：九四）。言い換えれば、出家教団が

「妻帯」の事実に向き合うことを拒否してきたのとは反対に、真宗では「妻帯」が当然視されてきたため、男性僧侶たちはこれを自己の課題として追及する姿勢を欠き、女性たちは与えられた役割の中での自己の生き難さの問題を見極められなくなったのではないか。このことを尾畑は、寺の中の女性差別が女性たちに「痛みとして充分には自覚し表現しきれなかったという問題」であると述べている（尾畑　二〇〇四b：二〇二）[46]。

本書の序章で、二〇〇四年以降、教団の女性をとりまく環境と彼女たちの運動がどのように変化してきたのかに焦点を当てると述べた。私やネットワークの女性たちの介入が、曹洞宗教団のジェンダー問題に従来とは違う流れを作りだしたとは確かに言えることである。さらに、実際には教団の女性たちだけではなく、私自身の中にも変化は起こり、曹洞宗の運動の背景にある共通理解や方向性をめぐって、従来と異なったある種の「居心地の悪さ」を感じるようにもなっていった。これは、反転した鏡像としての大谷派の女性たちの運動に映しだされた、出家教団の女性運動がかかえこむ問題点に、自覚的にならざるをえなかったからである。すでに述べてきたように、「おんなたちの会」の大多数の女性たちにとって、坊守としての自己規定は婚姻関係に左右されずあくまでも主体的に選びとるものでなくてはならなかった。そのために、配偶者の縛りをなくしてほしい、と訴えていたのである。

この事象から逆照射されるのは、曹洞宗の寺族たちが描く「出家者」ではないはずの僧侶の家庭生活と寺院運営における伴侶としての自己規定は、真宗の女性たちがかつて受け入れ、そしていまや抗っている坊守像と重なっているのではないのか、ということである。このような問題点に私の目を開かせてくれたのは、真宗の友人女性たちとの対話だった。特に、尾畑潤子の「曹洞宗の寺族が大谷派の坊守の轍《てつ》を踏まないように」という助言や、本願寺派の女性住職である戸澤葉子の「今の時代に婚姻の事実だけで自動的に何かの職務につけるのは認められない」という指摘を私は重く受けとめた。

既述のように、私は僧侶がすべて妻帯すべきだとは考えていない。それどころか、僧侶の結婚を絶対視し、かつ子供のいる「家族型仏教」を規範とするあり方は、一種の異性愛中心主義や教団内のマイノリティ排除につながるのではないかと思っている。旦保も、事実婚や同性間のパートナシップなど、婚姻の形態そのものが変わり、多様化していることを指摘している（旦保 二〇一一：五〇）[47]。在家・世襲仏教化が、現行の婚姻制度に組みこまれることを望まない人や、（私のように）子供を持たない人などを生き難くするようでは意味がない。また、非婚の僧侶を異端視し、夫婦が一体となった教化のあり方を強調することは、出家教団の中で活動する独身の尼僧にますます疎外感を与えるであろう[48]。しかし曹洞宗の女性たちの運動の中で私があえてこの点を強く主張してこなかったのは、寺族を婚姻制度の中に位置づけることを批判すれば、それが虚構の出家主義を批判する女性たちの運動の力を削ぎ、僧侶妻帯の現実を直視しようとしない男性僧侶たちを利する結果を招きかねないからである。男性僧侶たちが、自らが属する宗教伝統の教義や制度に責任をもって自己内省的に向き合うことこそが重要なのである。すなわち、男性僧侶と配偶者である寺族との関係性の再考は避けて通ることはできない。そのためには、真宗とは異なる曹洞宗独自の「妻帯」の歴史を背景にした運動もまた必要なはずである。しかし前述の「居心地の悪さ」は、教団の中で運動に携わる女性たちと私自身とのあいだの、部分的な差異を示すものでもあった。

マージンからの声

今まで述べてきた出家・在家教団内の女性の制度上の位置づけをめぐる議論は、内向きで閉塞したものとみなされることが多い。しかし、これは、男性僧侶たちが僧侶の「妻帯」という問題にどのように当事者性をもって向き合っているのかを問いただす議論であり、批判的にこの問題をとらえることは、男性僧侶の権威構造に疑義を呈するひとつの切り口となりえる。さらに、このような問題は、寺院の女性のアイデンティティと承認をめぐるせめぎあいでもある。チャールズ・テイラーは、フェミニズムにおける承認の要求は、「ある人々が誰であるかの理解」としてのアイデンティティと分かちがたく結びついていると述べている。適切な承認は、人間にとって不可欠な要素であり、ゆがめられた承認の下で、人は卑しめられた自己像を内面化することになる（テイラー　二〇〇七：三八―三九）。そして、私自身のアイデンティティは「私と他者との対話的な関係に決定的に依存している」とテイラーは述べている（テイラー　二〇〇七：五〇）。つまり、自己実現とは他者との相互承認によって達成されるのであり、不十分で不本意な自己像を投影される歪められた承認は女性にとって抑圧的に働く。この意味で、寺院内の女性たちの自己規定の運動は、自己の存在意義を確認する道を見つけ、主体的な選びを表明するための重要な作業なのである。それゆえ、坊守や寺族の規程条項をめぐるせめぎあいは、単なる文言上の帳尻あわせに終始してはならない。

仏教教団の女性たちは、自己の経験を言語化しそれを周りの男性たちに伝えていくことによって、彼らの意識を変えていこうとしている。女性と仏教 東海・関東ネットワークが編集し発行した三冊の本、『仏教とジェンダー』(一九九九)、『ジェンダーイコールな仏教をめざして』(二〇〇四)、『新・仏教とジェンダー』(二〇一一)、で示されたように、仏教界のジェンダー平等運動にコミットする女性たちの立場は多様である。独身の女性僧侶と男性僧侶の配偶者である女性との違い、特定の教団に属さない一般の女性と「宗門人」である女性との距離、世代や地域差や寺院の規模が生みだす女性間の格差は見過ごすことはできない。しかし多様性がある中で連帯が可能であることは、ひとつの希望を生みだす。自らの経験と日常性を語る場をもちえなかったこれらの女性たちが、語りだすことによって、主流の男性中心主義の語りを脱中心化していくことが可能になってきたのである。女性たちが自己の経験を文章化して発信することは、さらに波紋を広げていく。運動をとおして、自分の言葉が受けとめられ、自己の存在が無視され否定されるものではないと確認できることは、大きな力を与えてくれる。そして、彼女たちそれぞれの語りがお互いに呼応しあい、他の女性の中でまた自己を勇気づけ困難に立ち向かう勇気と方向づけを生みだし、その語りがまた別の場所で新しく共鳴していく。そのようにして、女性たちが紡ぎだす言葉が何十年か後に仏教研究の新たな古典となることを望む。メディアですぐに注目を浴びる言葉にならなくても、彼女たちをとらえて離さない問いをもちつづけ、共鳴する言葉をさまざまな場所に種のように蒔いていくこともまた重要なはずである。[49] 九州管区の永野陽子は、声をあげなくなることは後戻りすることであると語っていたが、私も同じように思っている。その声が男性僧侶の作る教団の壁に跳ね返されたとしても、そうであるからこそ、失望落胆せずに、当事者である彼女たちが発言しつづけていかなければならないのである。

教団の中で批判的視点をもつ女性たちのネットワークは、現状への問題提起をとおして、新しい教団のヴィジョンを再想像する。女性たちはさまざまな経由で仏教改革運動に引きこまれ、他の女性たちとの出会いをとおして変容し、性差別的な構造への異議申し立てをおこない、変革を求める運動の主体的担い手となっていった。たとえば、私と同じ県内の寺に住む岡田文子は、地元の寺にいるだけでは絶対にわからなかった世界がネットワークに参加することによって見えてきた、と語っていた。日常の現実に対して、何かがおかしいと感じていた女性たちが、疑問をもっていたのは自分だけではなかったことに気がつき、同じように考える女性たちとのつながりの中で新しいヴィジョンを共有することができるようになる。一般には女性に個別の視点というと、「母性」のような社会的規範で認められた女性性があげられることが多いが、重要なのは、社会の中で権力の周縁に立つことの経験なのではないか。この点について女性僧侶である飯島惠道は、「ジェンダー不平等という苦しみがあるからこそ、その苦しみを乗り越え仏との出会いを求めるために」女性たちは出会った、と述べている（飯島　二〇一一：二六）。

女性たちは寺院を足場にして、多様な社会・政治的運動に携わっている。彼女たちが関係している活動の例としては、ミャンマーへの人道的援助や反戦運動、地元の環境保護やアジアの子どもや障害者のためのボランティア活動、日本軍「慰安婦」であった女性たちの絵画展、性暴力の被害者やハンセン病問題の支援活動などさまざまなものがあげられる。東日本大震災以降は、震災の救援活動がこれらに加わった。彼女たちはこのような活動を、マスメディアから注目される組織化されたイヴェントとしておこなっているわけではない。壮大な「社会貢献」への意欲からではなく、自己の経験が生む必要性や周縁にある者としての当事者性を重視してそこから語る女性たちも、社会を作り変えることをめざしているのである。このように伝統仏教教団に挑戦する女性たちは、教団を去るかあるいはその中で沈黙して生きるかの二者択一的な道を選ぶのではない。彼女たちは、既存の価値基準をもてる資源として部分的に活用し、不都合な状況と交渉しつつも、抵抗をあきらめず、批判者改革者として宗教教団内にとどまっている。私が描こうとしたのは、第一章で述べた「脱出しつつもとどまっている（Defecting in Place）」キリスト教の女性と同じ立ち位置にある、仏教界の女性の姿である。

このように、女性たちが主体的に行動し発言することは、男性僧侶側にも覚醒をもたらし、仏教再生のエネルギーにつながるはずである。残念なことに、周辺に立つ人々が状況の是正を求めて声をあげると、権力に近い側に立つ人々から、何が問題でそれがどのように改善されることを要求しているのか、状況分析の見取り図と実行案をまずそちらが明確に示せ、とばかりに、マイノリティにすべての説明責任を押しつけられることがある。しかし女性たちは、教団で強者の側にある男性僧侶たちに、これらの問題をともに考えてもらうことを訴えてきたのである。

栗谷良道は、寺族問題について語ることは男性僧侶である栗谷自身の生き方をも問われる問題である、と述べているが、このような考えがより多くの男性僧侶によって共有されるべきである（栗谷二〇一〇：二）[50]。

いまや、女性たちが参画することによって、これからの仏教教団がどのように変容できるのかが問われている。現在の教団で閉塞感や無力感を感じているのは女性たちだけではないはずである。教団が自らの中にかかえこんださまざまな権力の階層制や弱者に対する抑圧的で不均衡な構造に批判の目を向け、それらを変革する意思を明らかにできれば、現代日本の仏教にも新たな可能性がでてくるのではないか。

一般にはあまり知られていないが、日本には伝統仏教の主要五九宗派の連合体である全日本仏教会という公益法人が存在する。私は、この団体の論説委員を務めていたとき、仏教教団の男女共同参画についての提言を依頼されたが、その結論を以下のように締めくくった。

もともと仏教の教えは全ての人間の平等のために開かれたものである。人間は生まれによって差別されないという釈尊の教えは、一部の宗教団体で顕著になりつつあるバックラッシュの動きに影響されてはならないという戒めを与えているのではないだろうか。現在求められているのは、男女共同参画の視点から再建された仏教のメッセージを、われわれ自身の手で広く社会に向けて発信していくことである。そのときこそ、日本仏教のなかの解放と平等の思想を、グローバルな規模で伝道することができるはずである。（川橋　二〇〇七ａ）

全日本仏教会は、伝統仏教教団を束ねる唯一の組織であるが、最近になって各種委員会に女性を登用するようになった。ネットワークからは、仏教系ＮＧＯの事務局代表を務める枝木美香をはじめ女性僧侶の馬島浄圭や飯島惠道が社会人権審議会に加わっていた。このような変化の要因のひとつは、次章で述べるように、海外で多くの女性仏教者がめざましく活躍している現実を知って、日本の仏教界もジェンダー平等の問題をもはや避けて通れないことに従来よりも自覚的になったからではないのかと思われる[51]。

女性労働問題に詳しい竹信三恵子は、女性を登用するとき、「女性が増えても何も変わらない」という反論をしばしば聞くことがあるが、これは登用の数が少なすぎて抜擢される女性委員が「多数派の男性のルールに従わざるを得ないことが一因」であると述べている。竹信は、マイノリティが三割を超えると、組織自体のルールを変容させる力が生まれると説明しているが、このことは仏教教団にも当てはまるのではないか（竹信　二〇一〇：六三）。そしてそのためには、世間一般の運動と同様に、仏教教団のジェンダー平等運動が従来ジェンダー問題に距離をおいていた女性と男性をまきこみ、問題意識の共有に向けた対話を、排他的にならずに粘り強く続けていくことが重要であるのはいうまでもない。

この章を通じて仏教教団に顕在化する性差別の事象について論じてきたが、筆者は、仏教教団が修復不可能なほどに家父長的であるとか、あるいはその中で女性は反論することなく服従するだけであるなどという表象を提示することによって、日本仏教を他者化することを意図したのではない。このようなオリエンタリスト的な表象のわなについては、第二章で論じたとおりである。第二章で、筆者は自己の立場を集団の完全なインサイダーでも完全な部外者でもない、「内なるアウトサイダー」である、と述べた。これは、改革運動にともにかかわる女性たちと当事者性を部分的に共有しつつも、運動について書く者という別の立場性ももっていることを意味している。オングは、調査する者であるフェミニスト・エスノグラファーがなしえる最大の裏切りは、被調査者たちが「積極的な文化の構築者」であることを否定することであると述べている（Ong 1995：354）。筆者が運動の中でもっとも重視してきたことのひとつは、運動にかかわる女性たちの発言の機会の平等化であり、彼女たちの語る権威の拡散化である。ネットワーク編集で刊行した三冊の本の大きな狙いもそこにあった(52)。

第二章で筆者は自己の役割について、教団の性差別によって周辺化されてきた女性たちとの部分的同一性の中で、告発の声をあげながらも、当事者である女性たちの代弁者になるのではなく、連帯の可能性をもつ聞き手を作りだすように交渉していくことではないかと述べた。そこでの論点を繰り返すが、部分的当事者として仏教教団の男性中心主義的な構造を外部に向かって伝え、多少なりともその中心を揺るがすような語りを構築しようとしたのである。女性たちはある種の認識論的転換をへて、男性僧侶の権威の正統性に挑戦し自分自身の語りを作りあげた。この内部の声を反響させる「私の語り」を作ることを筆者は、「こだま」になること、と述べた。それがどこまで成功しているのかはわからないが、本章は、現時点までの筆者の試みの記述である。

＊本稿は川橋二〇一一を全面的に改稿し加筆したものである。

第五章　フェミニスト仏教の可能性

議論の背景

筆者はここまで、伝統仏教の考察を、キリスト教におけるジェンダー批判の議論と随時比較しながらおこなってきた。これは、現代日本の宗教教団において、女性たちによって組織されたジェンダー平等をめざす教団改革運動が顕在化しているのが、おもに仏教とキリスト教の伝統的宗派であるためだ。(1)

本章では、フェミニスト仏教とよべるものが可能であるならば、それがどのような形をとるのか、欧米やアジアの女性たちの取り組みを補助線に想像してみたい。そのなかで、近年顕著な西洋社会での仏教とフェミニズムをめぐる議論に内包される問題についても、述べていく。

筆者が最初に仏教とフェミニズムあるいはジェンダー研究を接合させる問題関心に出合ったのは、一九八〇年代の後半にアメリカの大学院で学んでいたときである。アメリカでは当時から、仏教とフェミニズムのテーマが注目を集め、仏教関係の授業では、東アジアの仏教を専門とするミリアム・レヴァリングやサリー・キングのような、ジェンダーの視点を前面に出した研究が必須文献として読まれていた(2)。後述するように、曹洞宗の開祖である道元の思想が、ジェンダー平等的な仏教のイコンのひとつであるかのように評価されていることを知ったのも、このころなのである。

一九八二年に書かれたレヴァリングの中国の禅宗におけるジェンダーと女性の地位に関する論考では、禅の教えが、女性は不公正な社会構造によって拘束されているだけであり知性や精神的能力においては男性と本質的に同等であることを、二〇世紀の中国の女性たちに明らかにするであろうという主張が展開されている。そして、禅の老師たちは、悟りや知恵や慈悲がいつの時代にもすべての人に対して開かれていると弟子たちに伝えてきたと述べ、この流れのなかに道元を位置づけている。またレヴァリングは、一九七〇年代から、仏教を研究する女子学生たちが新しい問題提起をおこなってきたと指摘している。それは、仏教が伝統的に悟りへの到達に関して男女のあいだに能力差を認めてきたのか、そして、仏教は社会のなかに存在する性差別的な規範や概念とどう向き合ってきたのか、などの問いであるという(Levering 1982: 19)。本書の序章でも述べたように、日本の仏教学や宗教学で、このような問題意識がジェンダーやフェミニズムの思想と明確に結びつけられて語られることは、現在でも一般的ではない(3)。

日本における仏教とフェミニズム研究のパイオニアである源淳子は、釈迦は「ともに生きる人々の苦しみを、自らの苦しみとした」からこそ教えを説いたのであり、ここにはフェミニズムと共通の課題がある、と述べている(源 二〇一一:九六)。また、釈迦の遺言とされる「自灯明、法灯明」の教えは、「自己を灯明とし、自己を頼りとして、他人を頼りとせず、法（宇宙の理法）を灯明とし、法を拠り所として、他のものを拠り所としないように」（前田 一九九九：三四一）という思想であるが、これは自己決定できる主体としての自律的な女性のあり方と呼応している。[4] 同じく、「自分こそ自分の主である。自分以外の誰が自分の主でありえようか？ 自分をよく調えたら、得がたい主を得る」[5]という釈迦の言葉は、女性が自己尊厳をもつ主体であることの重要性を説く、現代の女性をも勇気づける教えと解釈できる。

このように考えてみれば、最近、北米を中心に、ユダヤ・キリスト教に代わるスピリチュアリティを仏教に求める女性が増えていることも理解できるのではないか。

西洋の女性仏教徒

仏教は欧米人にとってもっとも魅力的な非西洋の宗教になりつつある。アメリカ人の仏教徒の数は三〇〇万といわれるが、そのなかでも禅やチベット仏教などの瞑想系の仏教に傾倒する、中流あるいはそれ以上の階級に属する白人の改宗者は一二〇万人程度であるという（田中 二〇〇九：一三二―一三三）。欧米の仏教は一般に日本仏教にくらべて、女性の参画度が高く平等的なジェンダー観をもつといわれる。彼女たちの多くは、ユダヤ・キリスト教の伝統内の家父長制に見切りをつけて、西洋の宗教からは得られない解放感とエンパワーメントを仏教に見いだそうとする人々である（川橋 一九九五）。この動きは、西洋の女性たちが自己理解と自己解放の源泉を宗教的なものに見いだそうとする試みのひとつとみることができる。

たとえば、仏教学者のアン・クラインは、フェミニスト神学者たち同様、西洋の宗教伝統が支持してきたさまざまな二元論的対立はすべて女性を周縁化してきたと述べている。第一章で見たように、能動対受動、理性対感情、精神対肉体という両極化の中で女性はたえず後者のような否定的属性を与えられてきた（Klein 1995: 199）。しかし、これらすべてが対立しているのではなく、相互作用の関係にあるのなら、女性のみが肉体や感情に結びつけられる必要はないことになる。女性が男性と異なり本質的に感情的とされる社会では、女性は他者との関係性の中に慈悲という感情を表現することに畏れを抱く。それは、自分が男性よりも価値の低い存在であることを認めることにほかならないからである。クラインは、自己と他者、自律と相互依存、そして理性と感情などの二元論的対立がその根拠を失ったとき、他者と自己を結ぶ、慈悲の関係性が回復され、自立した自己と他者が共存できることを、仏教は悟らせてくれると論じている（Klein 1995: 72, 109, 122）[6]。クラインの研究には西洋の現代女性がかかえているジレンマが浮き彫りにされているといえよう。

ケイ・コッペドレイヤーは、「仏教思想のフェミニスト的流用」という書評論文のなかで、クラインや後述するリタ・グロスなど四人の女性研究者の一九九〇年代半ばのテクストをとりあげ、これらの研究がチベット密教の実践と、女性としてジェンダー化された自己の存在とを結びつけて論じていることに着目している。彼女たちは西洋社会に深く根づいた女性の劣性を克服し、女性の身体がもつ可能性を実現させることを意図しているのだという。さらに、彼女たちに共通の姿勢として、単に仏教の教義の知的な理解だけでなく行としての仏教の実践がともなっていることを指摘している

(Koppedrayer 2007：138-140)。このように、フェミニスト仏教学者たちは、仏教の思想が西洋の女性の主体形成のうえで障害となってきたさまざまな文化的抑圧から彼女たちを解放し、不安と畏れから女性の自我を自由にすると主張する。このような「関係性」の回復は多くのフェミニスト仏教徒にとって重要課題なのである。

たしかに、仏教が欧米人女性の自己実現に新しい視座を与えることは理解できる。いっぽう、非西洋に出自をもつ宗教である仏教を西洋の宗教伝統に取って代わるにふさわしいと見定めたことは、彼女たちが西洋の権威において仏教を再定義したともいえる。優れた仏教学者であるジャン・ナティエは、アメリカの仏教が社会の上層階級に属するヨーロッパ系の白人の支配下におかれていた点を指摘し、特権をもつ者たちが彼らにとって純粋で価値のある仏教を「輸入」したにすぎないのではないか、と厳しく批判している (Nattier 1995)。筆者も、欧米の仏教徒にまま見られる白人中心主義には違和感をもつことが多い(7)。

第二章で述べたように、「ジェンダー」は無色透明ではありえない。つまり、白人女性と非白人の女性との家父長制の下での経験は、必ずしも同一ではない。有色の女性であれば、性差別と人種差別・植民地主義の両方の支配的言説に抵抗しなくてはいけないのである。欧米のフェミニスト仏教から人種的マイノリティが排除されてきたことは、すでに黒人の女性仏教徒によって批判されている。アメリカ仏教は女性の参画度の高さを自負しているが、アフリカ系女性のジャニス・ウィリスとローリー・ピアスらは、人種差別がアメリカの仏教の中に再現されていると指摘している。彼女たちは、仏教の僧侶や指導者は単に人種差別を認識するだけでなく、この改善に努めねばならないと主張し

(Pierce 1996)、有色の女性指導者が増えない限り、アメリカの仏教は家父長的で階層的なものでありつづける、と批判を述べている(Willis 2000)。

ここでウィリスらが批判するエリート主義と白人中心主義は、西洋人女性の手による仏教だけが家父長制を免れることができるという一種の例外主義と関係しているといえよう(川橋 二〇〇七b:三〇〇―三〇二)。クラインのように、従来のフェミニズム理論から抜け落ちていた宗教的あるいは精神的な自我の問題に真摯に取り組む研究がある一方、欧米の女性仏教徒のなかには、アジアの仏教の信仰や儀礼的実践や歴史的多様性に十分な関心や理解をもたないまま、自らを革新的なフェミニスト仏教の担い手と自認する傾向も見られるのである(川橋 一九九五、一九九八)。例えば、リタ・グロスは、欧米の宗教学界におけるフェミニズム研究のパイオニアのひとりであるが、近年西洋の仏教とフェミニズムに関しても中心的な存在として知られている。グロスは、「フェミニズムを知らない」アジアの女性は土着の家父長制から仏教を解放する手段を知らないので、西洋社会の女性こそが家父長制をこえた仏教を創造する担い手となるべきである、と明言している(Gross 1993: 205-206, 271)。性差別の手垢にまみれたアジア型仏教の中で「無力な犠牲者」でありつづけるアジアの女性仏教者に対して西洋型フェミニズムの優位性を主張するグロスのスタンスは、第二章で批判してきた植民地主義的なフェミニズムの信奉者と重なっている(Kawahashi 1994)(8)。フェミニスト的仏教の正しい未来像を定義づけし実践できるのは西洋の女性にかぎられているという主張は、正しいフェミニズムの形が一つしか存在しない、という思い込みに支えられているからである。

真正な尼僧を定義するのは誰か

欧米人の女性仏教徒に先導された啓蒙主義的な仏教改革運動としては、一九八七年に発足した国際女性仏教者協会「サキャーディーター」（Sakyadhita）があげられる。サキャーディーターは、カルマ・レクセ・ツオーモ（サンディエゴ大学准教授）というチベット語の名前をもつ白人のアメリカ人女性僧侶が中心に運営する組織で、本拠地はハワイにある。活動の主な目的はグローバルな女性仏教者のネットワークと女性僧侶の教育の推進などに加えて女性出家者からなる教団である比丘尼《びくに》サンガ設立の支援である。上座部仏教では一一世紀に比丘尼サンガが消滅したことにより、尼僧たちの宗教的地位は正式に認可されていない。そのために、尼僧の地位確立を目的に比丘尼サンガが存在しない地域での比丘尼復興運動を始めたのである。これにより一九九六年にはスリランカで一〇人のスリランカ人比丘尼が復活した（川並 二〇〇七：三四―三五）。しかし、一九九五年から二〇〇〇年にかけて協会副会長を務めたランカスター大学の宗教人類学者である川並宏子によると、サキャーディーターは、設立当初から欧米人女性が指導権をもっていたため、実情は富める西洋の女性会員によって運営が保たれている組織である。また、チベット仏教を実践しながらも台湾や韓国で受戒し、正式に比丘尼になったとする欧米人の女性会員がいまや一〇〇人を超えているという。

さらに川並は、サキャーディーターが実践するアジア人尼僧に対する教育が、教学や儀礼ではなく、英語やコンピューターの教育に偏り、上座部仏教で求められるパーリ語による経典の朗読などが重要視されていないことに疑義を呈している。そのうえ、それらの欧米人の「比丘尼」は、チベット仏教徒を名乗るにもかかわらず、上座部仏教であるチベット仏教の伝統で受戒したわけではなく大乗仏教圏の手続きで受戒している。つまり、儀礼上の整合性や正統性には疑問の余地があるにもかかわらず、彼女たちの多くはアジア人の尼僧に対して優位性を誇示する傾向があるのだ（川並、川橋、馬島　二〇〇九：一五三―一五五）。同様に、仏教学者の岩本明美も、比丘尼戒復興運動の教学的問題に関する論考の中で、サキャーディータの「啓蒙主義」に不快感を表している（岩本　二〇〇八：三七）。また、台湾とスリランカの仏教を研究するウェイ・イ・チェンは、受戒式の復活は、それを望む尼僧にとってはエンパワーメントになるにしても、受戒を拒否する尼僧には新たな周辺化をもたらすのではないか、と鋭く指摘している（Cheng 2007 : 185）。筆者が疑問視するのは、これらの欧米人の女性仏教者が示す、アジアの尼僧は正式な具足戒を受けておらず真正な比丘尼ではないが、自分たち欧米人は真正な比丘尼であり、ゆえにアジアの尼僧を先導する立場にある、という思い込みである。

実際に筆者は、この協会と取り交わしたメールの中に「日本の尼僧は正式な尼僧ではない」という表現があったことに驚いた経験がある。第四章で詳述したように、日本の女性僧侶の多くが男性僧侶に比べて下位に位置づけられていることは事実であるが、男性僧侶に対して「正式な僧侶」ではない、とみなされているわけでは決してない。現在の仏教諸宗派では、男性であっても女性であっても、適切な資格をもつ僧侶は住職に就任できるのである。むしろ日本においては、男性僧侶同様に「正式」に認可された僧侶であるにもかかわらず教団の議決機関に参加できない、あるいは指導的地位につけないなど、女性僧侶に同等の地位が与えられていないことが問題なのである(9)。

訂正

144ページ2行目

誤　〜にもかかわらず、上座部仏教であるチベット仏教の伝統で受戒したわけではなく大乗仏教圏の手続きで

正　〜にもかかわらず、チベット仏教の伝統で受戒したわけではなく、中国大乗仏教の伝統で

サキャーディータに見られる、啓蒙する主体としての西洋人尼僧と、啓蒙されるべき対象としての非西洋の尼僧との間の関係は、教化の主体の男性と対象である女性との間のヒエラルキーの再生産と同一に思える。これでは西洋の比丘尼サンガこそは閉ざされたままといえるのではないか。[10]

女性指導者の不在

しかしながら、海外の仏教者に、日本の現代仏教がかかえこむ家父長制的なヒエラルキーによって疎外感を感じる者が多いことは事実である。アメリカの仏教事情に詳しいケネス・タナカは、アメリカ仏教とアジアの伝統仏教の大きな違いは組織の平等性にある、と述べている。アジアの伝統的な組織では、出家と在家、そして男性僧侶と女性僧侶のあいだに明確なヒエラルキーがあるのに対して、アメリカでの状況は異なっているという（タナカ　二〇一〇：一四四）。特にアメリカ仏教では、女性の地位が男性と対等なために女性指導者の活躍が顕著であり、日本も含めた「アジア全体で見られる男性優位な伝統仏教団体の状況とは対照的である」と指摘している（タナカ　二〇一〇：一五〇）。タナカは、一九九六年には曹洞宗に属するサンフランシスコ禅センターで、ブランチ・全慶・ハートマンという白人女性が最高責任者である住職に就任したことを例にあげている。実際に筆者も、ケネット・慈友という白人の女性が開創したシャスタ・アベイという曹洞宗の禅センターで修行する白人の男性僧侶から、「自分たちの老師が女性であることを誇りに思う」と伝えられた経験がある。また、タナカは、アメリカの仏教が、性的マイノリティに対して比較的に寛容であり、同性愛の行為を糾弾するような態度をとらなかったことも指摘している（タナカ　二〇一〇：一五二—一五五）[11]。

このような、アメリカ仏教における女性指導者の卓越性や性的マイノリティの存在に対する認識は、曹洞宗に限らず日本の伝統仏教教団においては、ほとんど意識に上らない。国際布教に熱心な仏教教団が、欧米と日本での女性仏教者の位置づけに関する落差について無関心であることは理解しがたい[12]。さらに、この現象を二重規準の現れとみることもできよう。つまり、海外においては女性仏教者が男性を指導することを容認できても、国内において同様のことはありえないのである。そして、第四章で述べたように、大多数の女性僧侶が男性僧侶に従属させられている日本の現状が、欧米の女性僧侶と日本の女性僧侶との間に溝を作りだしている。

筆者の知る曹洞宗のある女性僧侶は、平均的な男性僧侶よりもはるかに学識があり教団内で活躍している人物であるが、欧米人の曹洞宗女性僧侶たちに対してはごく一部の例外をのぞいて距離をおいている。彼女によると、欧米人の女性僧侶は学歴も経済的な余裕もあり、朝から教学を学び座禅をすることもできるが、彼女たち日本の尼僧は朝から寺や境内の掃除などの作務をし、生活のために男性僧侶の寺を手伝う法務をこなさなくてはならない。彼女たちは日常の生活で精いっぱいなのだ。また、男性僧侶には国際布教のために自分の寺を留守にして海外に出かける機会があるが、尼僧はその機会をほとんど与えられていないのだという。また筆者が見るところでは、曹洞宗の欧米人女性国際布教師たちは日本語の言語能力を欠いている場合が多い。これでは、日本の伝統的な尼僧と対話をすることは困難であろう。

白人の尼僧がアジアの女性僧侶の苦境を理解していない現象はここでも見られる。一例であるが、カルナ・ダルマという法名をもつアメリカ人の女性は、北米における禅宗系の尼僧のパイオニアであるという。彼女は比丘尼復興運動をはじめ女性僧侶の地位向上に熱心であるが、東アジアの尼僧たちに関して、「彼女たちの大きな関心事は、裕福な寺の住職になれるのが女性ではなく男性だけである、ということにあるが、そのようなことは世界のほかの地域の尼僧にとっては重要な問題ではない」という旨の発言をしている（Dharma 2006：116）。しかし、すでに論じてきたように、女性僧侶が教団のさまざまな場面で男性僧侶よりも下位に位置づけられていることが、当事者である彼女たちにとって重要な関心事であるのは当然である。

この意味で、「仏教者の社会問題解決への貢献」を基本テーマに二〇〇八年一一月に浅草で開かれた、第二四回世界仏教徒会議（World Fellowship of Buddhists）日本大会における基調シンポジウムのひとつとして「ジェンダーイコールな仏教をめざして」が開かれた意義は大きい。この会議のために、ツエリン・パルモ（ラダック）、ウイポン・クアンゲアウ（タイ）、釈昭慧（台湾）ら来日した女性仏教者パネリストたちは、ジェンダーによる序列化を克服する道を仏教の中に探す必要性を力強く訴えかけていた。性差別が生みだす「苦」に当事者である女性として向き合う、彼女たちの現場での実践や教学に対する深い理解は、行動し考える女性仏教者のロールモデルとして聴衆に強い印象を残したのである（黒木 二〇〇九；川橋、枝木 二〇〇九）。特にタイのウイポン・クアンゲアウによる、女性に対する暴力を乗り越える知恵の実践としての仏教に関する発表は、仏教教団内の女性たちだけでなく、広く一般社会の女性たちにもアピールし、彼女たちがかかえるジェンダー問題解決への光を与えるものであった。彼女は、フェミニズムを知れば、釈尊が本来教えようとしていたことが見えるようになると訴え、ＤＶのような苦の原因は女性たち個人にあるのではなく、社会の家父長制的な構造が苦を生みだすのだ、と説いていた。また、台湾の仏教系大学の教授でもある女性僧侶の釈昭慧は、近年台湾では高い教育を受けた尼僧が増えており、尼僧のイメージが一般の若い女性にも魅力あるものへと変化していることを述べていた。ネットワークのメンバーである天台宗尼僧の緑川明世によると、現代日本の仏教には女性僧侶にとっての羅針盤がないということであるが、アジアの女性仏教者たちの声は日本の女性僧侶たちを勇気づける機会になると思われる。(13)

挑戦するアジア女性僧侶

筆者は全日本仏教会の国際交流審議会委員のひとりとしてこのシンポジウムのパネリストを務め、日本仏教のジェンダー問題について発表したが、このとき出会ったパネリストの釈昭慧と彼女の通訳のドリス・チャン（輔仁大学副教授）とはその後も親交をもつことになった。釈昭慧は、四十代前半であった二〇〇一年に、ある学術シンポジウムにおいて「八敬法」の排除を訴える宣言をおこない、台湾仏教界の男性中心主義に激震をもたらした人物である。(14)「八敬法」とは、「出家しても平等ではなく、男性修行者に指導を受け、男性修行者を尊敬することが強制されている」など、「八つの条件のすべてが男性中心に、男性へ服従することを述べ」る、尼僧を男性僧侶に従属させる原則である（田上二〇〇四：一〇三―一〇四）。現代の日本のように、「八敬法」が表だって説かれることのない場合であっても、このことは尼僧の地位向上に、いわば「ガラスの天井」のようなネガティヴな効果を及ぼしてきたといえる。

釈昭慧は、法鼓山教団を設立した著名な禅僧、印順の弟子であり、性差別だけでなく、動物愛護や反原発運動など、人権や環境保護の社会運動に広くかかわっている。筆者が共感したのは、彼女のフェミニストとしての姿勢と不可分であると思われる、出家者と在家の信徒の間の徹底した平等の倫理である。また彼女は、一九九九年に設立された仏教弘誓学院の共同創設者で、初代の学院長を務めている。筆者は台湾北部の桃園県にあるこの学院を二度訪れたが、弟子である女性僧侶たちの彼女を慕い尊敬する態度と、若い彼女たちが出家の尼僧として勉学と行を積もうとする志とに深く心を打たれた。それのみならず、彼女のもとを訪れる男性の弟子や信徒たちの姿にも新鮮な驚きを感じた。小柄で温厚な彼女が仏教界の性差別に対する激しい糾弾で知られる女性僧侶なのである。彼女は、男性たちに挑戦することによって彼らを覚醒させることができるのだ、と筆者に語っていたが、現代の日本で、このような「過激」な主張をする女性僧侶が、若い女性のみならず男性からも尊敬を集める、ということは残念ながら考えにくいのではないか。例えば日本では、一般に男性向けとされる週刊誌で「美人尼僧」のグラヴィア特集が組まれることがある。筆者の友人の女性僧侶たちはこのような特集に関して、女性僧侶がどのような生き方をしてどのような仏法を説いているのかではなく、その容姿のみに着目するのは理解しがたい、と当然と言える批判を述べていたものである。以下、日本では比較的知られていない釈昭慧の思想を、ジェンダーに関する論点を中心に紹介してみたい(15)。

反駁する女性仏教者

釈昭慧が二〇〇一年に発表した『千載の沈吟――新世紀における仏教女性の思考』と題されたテクストの論旨は、仏教界における男性中心主義の脱構築であり、その論点の中心は八敬法の徹底的な批判である。まず彼女は、台湾の比丘尼の総数は約一万五〇〇〇人で、台湾仏教における出家信者総数の四分の三を占めるが、これは全世界の仏教サンガのなかでも異例の多さであると述べている。しかし台湾の比丘尼衆は、社会的地位の象徴である中国仏教協会指導者の職位を男性の比丘に譲り、一般的にパワーゲームにかかわろうとしてこなかったのだという。彼女は、仏法は「衆生平等」を強調しており、人とアリの地位は平等であるのに、律典の中では女性は男性と平等な地位を得られていないと論じ、八敬法の脱構築を主張する。そして、「歴史の産物」である「八敬法」のいくつかの条項は、男性中心主義者の比丘たちによって拡大解釈されたものであると指摘し、釈迦がこのように八敬法を制定したのは、女性信者を庇護しようという慈悲の心からであったが、それがのちに男性中心主義者の比丘たちによって比丘尼サンガの発展抑制のために用いられるという予想外の結果を招いたのだと述べる。また、教学上の冷静な分析をおこない、女性信者の屈辱を理解してくれる比丘として、彼女の師である印順導師をあげている。

彼女の論点は、「八敬法」は、多くの比丘尼に「比丘より一段低い」ことを自覚させ、極端な劣等感を植えつけることによって、仏教におけるジェンダー平等的な関係を歪曲するというものである。

一例として、台湾中部には「女身障重」を嘆き、焼身自殺をした老比丘尼さえいたという。しかし、このことは男性である比丘が「八敬法」における勝者であることを意味しない。なぜなら、彼らは「八敬法」によって「法定の優越感」に浸っているにすぎず、進歩の可能性がないからである。彼らは健全な倫理にもとづいて長老の尼僧に向き合う術も知らず、劣等感と尊大さが交錯し、嫉妬と傲慢に満ちているのだという。このように、「八敬法」は比丘尼と比丘の出家二衆をともに修道上の「敗者」としているのである。「八敬法」に疑いをもたない者たち（比丘であれ比丘尼であれ）を前にすると、彼女にはその行為の過ちを厳しく責める気持ちと同時に憐憫の気持ちが湧きあがるのだという。彼女は、比丘と比丘尼たちが自尊心と自信のなかで、心の解放を獲得し、円満な正覚の道へ邁進できるようになることを願ってやまない。そのために、仏教界における男性中心主義に反駁し「八敬法の廃止」を唱えた関連論著を、一冊の書籍として編集し、出版したのである。

さらに、彼女の論旨のもうひとつの核は、マハー・パジャーパティー・ゴータミーの重要性の再解釈である。釈迦の養母であるマハー・パジャーパティーは、教団（サンガ）への女性の受け入れを拒否していた釈迦に対して、彼女と他の女性たちの受け入れを強く訴えたことで知られている。釈迦は弟子のアーナンダーの懇願もあって彼女の出家の要望を最終的に受け入れた。このことを釈昭慧は、マハー・パジャーパティー（大愛道）は、男性同様、女性が出家できるよう釈迦に要求した、仏教史上における革命意識に富んだ勇敢な女性である、と評価している。マハー・パジャーパティーは、修行する女性の自由の身を通して、「女性は男性の財産である」という古代インド社会の差別意識を覆し、女性修行者がいなかった社会における「出家は男性に限る」という社会慣習を崩したのである。

しかし、釈迦の英断は、比丘たちの危機意識を強烈に刺激した。男性が経典編纂の結集権と解釈権を占有する状況で、女性出家者の存在は、正法を五百年しか存続させない魔物であるかのようなレッテルを貼られることになったのである。比丘たちは釈迦の前ではおとなしくしていたが、彼が入滅《にゅうめつ》すると、女性出家者を排除する姿勢を打ちだした。このような歴史認識があれば、経典中にみられる女性出家者への否定的な釈迦の言論は、容易に読み解くことが可能となる。これらは釈迦自身の言葉というよりも、比丘たちが「男性の尊厳が挑戦を受けている」と感じ、マハー・パジャーパティーからの挑戦に応答した産物なのである。

これらのことから釈昭慧は、この革命の息吹に満ち溢れる女性修行者の先駆者を、伝統的な「男尊女卑」の価値観を覆す、尼僧姉妹の模範的な役割モデルとなった、と評価している。さらに、マハー・パジャーパティーの挑戦から二六〇〇年後の今、歴史を回顧し、現況を判断し、現代に生きるマハー・パジャーパティーとして、女性たちが大きな声をあげるべきである、と主張している。そして、八敬法の廃止は、釈迦の平等精神を忠実にあらわす行いであるとともに、革命的な女性であるマハー・パジャーパティーの声に対する、はるか彼方の女性たちからの呼応でもある、と結論づけている[16]。

正典／聖典を読み直す女性たち

ところで、釈迦はマハー・パジャーパティーによる女性修行者の受け入れ願いを、「そのような願いをしてはならない」と三度までも断った末に心を変えている。[17] このことについて、原始仏教と女性に関する古典的テクストを著したI・B・ホーナーは、この出来事は、釈迦が論争で説得された唯一の記録である、と記している（Horner 1930：105）。釈迦を反論で説き伏せる女性の物語は、聖書中のイエスを議論で打ち負かす女性の物語と似た構造をもっている。マルコ福音書には、悪霊に取り憑かれた自分の幼い娘から悪霊を追い出すようにイエスに懇願するシリア・フェニキア人の女性が登場する。この物語では、彼女の依頼に応じることを拒否するイエスにこの女性が挑戦し、最終的にイエスは彼女の願いをかなえ、悪霊は娘から出ていくのである。フェミニスト神学者のトルバートは、この女性は「マルコ福音書全体においてイエスを議論で打ち負かしている唯一の登場人物である」と指摘している（ニューサム、リンジ 一九九八：四六〇）[18]。第一章で述べたようにフェミニスト神学は、女性たちの経験に即して、女性たちに大きな力を与えられるものへと聖書を再解釈してきた。この聖典に新しい読みを与える作業の中で、男性中心主義の視点で消去されてきた女性の伝承の回復は重要である。周辺化されていた女性たちが自らの信仰の強さによって男性のもつ宗教的権威に挑戦する姿を示す、マハー・パジャーパティーやシリア・フェニキア人の女性の物語は、現代の女性たちにも力を与えることができるのではないか。

このような正典あるいは聖典の読み直しは、従来受け入れてきた家父長制的な規範や権威から女性たちが自由になることを意味する。既述のように、欧米のみならずアジアでも、ユダヤ・キリスト教のフェミニスト神学では、多くの優れた研究者たちが学問的伝統を作りあげてきた。しかし欧米でも、仏教のフェミニスト的研究は、方法論の精錬や研究者の層の厚さに関して、フェミニスト神学には遠く及ばない。ましてや、日本の仏教・宗教研究において、フェミニズムやジェンダーの視点からの仏教の再構築が学問的に認知されているとは言いがたいことは、すでに述べたとおりである。この意味で、日本の仏教におけるジェンダー研究が、キリスト教のフェミニスト神学の学問的蓄積から学ぶ必要性を筆者は強く感じている。[19]

現在の仏教各宗派で、女性の経験を反映させた経典や聖典の再解釈が教団の課題と認識されている例はごくわずかである。数少ない試みとして、第四章で述べた真宗大谷派の「女性室」や「真宗大谷派における女性差別を考えるおんなたちの会」が、女性ゆえに経験する苦の現実理解を反映させるなど、女性の視点から経典を読み解く課題と取り組んでいる。教団の「女性室」の広報には、いまだ未踏の分野であると認めつつも、「女人往生」の教義理解などに男性中心主義の偏見が介在していたことに関して、教団として女性の視点から教典を再解釈し、教学を問い直していく作業が必要であることが明記されている。[20]

また、「女性と仏教　東海・関東ネットワーク」の最初の編著には「女たちの如是我聞」という副題がついているが、これは「私は女性としてこのように仏陀の教えを聞いた」というメンバーたちの思いの表明である。例えば、曹洞宗尼僧の飯島惠道は、釈迦の「天上天下唯我独尊」の言葉をひいて、世界に唯一の存在としての自己尊厳を女性が保てる世界を仏の知恵とともに作る必要性を説いている。このような解釈は一部の男性僧侶から、「我」に固執することであり仏教的ではない、などという批判を受けるかもしれない。しかし、性差別的な社会の抑圧に苦しみながらも声をあげることができない一般社会の女性たちの現実を知る飯島は、彼女たちの自尊心の回復のために、尼僧としてこのように釈迦のメッセージを受けとめたと語っているのである（女性と仏教東海・関東ネットワーク　二〇一一：七三）[21]。

バックラッシュあるいはジェンダー・バッシングに立ち向かって

この章の冒頭で、筆者はアメリカで学んでいるときに、道元の教義が内包するジェンダー平等思想が、欧米の女性研究者たちに高く評価されていることを知った、と述べた。もちろん、日本の仏教史研究においても、道元の思想の革新性は広く認められている。しかし曹洞宗では、寺族の自主的な勉強会などが女性講師を招いて道元の著作である『正法眼蔵』の一部を学ぶ取り組みはあるものの、第四章で述べた寺族対象の通信教育の教科書には道元禅師の生涯や思想の一般的な説明が記載されているだけで、女性の救済や平等性に関する記述は見られない。あるいは教団が開催する寺族向けの研修会で、講師がこの点に光を当てた講演をすることはほとんどないようである[22]。これではあたかも、教団が意図的に、開祖が説いたジェンダー平等の思想を寺族たちの目から遠ざけているように見えてしまう。

しかし、中世仏教史の研究者である平雅行は、浄土真宗の開祖である親鸞に関する著作中で、親鸞あるいは法然は「人間一般の平等性に関心を集中させており、女性差別に関してはきちんと取り組んでいません」と述べ、唯一女性差別の課題を担った思想家として、道元の名前をあげているのである（平　二〇〇一：八四―八五）[23]。平は、道元が『正法眼蔵』中の「礼拝得髄」の巻において、男であることや女であること自体には何の徳もなければ咎もない、と論じて「女人罪業論を否定」したことと、さらに道元が当時の日本の女人結界の風習を「邪風」であり「後進性の象徴」であると批判したことをとりあげて、これらを仏教の女性差別観を超克する希望の遺産ととらえている（平　二〇〇一：八六—八九）[24]。また、仏教史学者の原田正俊も、道元が尼僧に求道者としての能力を認めて、男性僧侶同様に一人前の宗教者としてあつかっていたことに言及している（原田　一九九七：一四二—一四三）。このような外部からの評価に、曹洞宗は教団としてきちんと応答していると言えるのだろうか[25]。

たとえば、曹洞宗では僧侶と在家信者に共通する公認聖典である『修証義』というテクストが、法要や法話の際に日常的に用いられている。五つの章が曹洞宗の教えをわかりやすく説明しているがその第四章には、「たとい七歳の女流なりとも即ち四衆の導師なり、衆生の慈父なり、男女を論ずることなかれ、此れ佛道極妙の法則なり」と書かれているのである。日課勤行でこの箇所を読むとき、男性僧侶たちは開祖が後世に残した「希望の遺産」に思いを馳せることはできないのだろうか[26]。教団が国際化を真剣に望むのであれば、宗祖に対する海外の研究者からの高い評価を真摯に受けとめ、その評価に恥じないように、ジェンダーにまつわる不均衡な力関係を是正していく努力が必要である。ましてや、海外の尼僧をもてはやしておきながら、国内の尼僧の地位向上には無関心、などという態度が許されるはずはない。

現在、日本社会のさまざまな場で、性差別是正に逆行するバックラッシュの動きが見られるが、近年の仏教ブームにもそれは影響を及ぼしているようである[27]。第一章で、仏教は本質的に性差別とは無関係であると主張して、ジェンダーやフェミニズムからの批判を不当な糾弾とみなす、護教論的な色彩の強い立場があることを述べた。この見方は、仏教の平等性を疑いのないものとみなすため、フェミニズムやジェンダーの視点を排除しがちで、それが現代仏教の改革を妨げる結果につながるおそれがある。このような立場に対して、スポンバーグの議論を紹介し、仏教が内包する女性論を一元的に分析することは不可能であり、その全体像を窺い知るためには多義的視座を設定することが必要であると述べた。最近も、仏教は一切の生命を語る思想であるから「男女平等」をことさら語る必要はなく、男女平等や性差別批判をとなえる人々は理性的な意見をもたず、感情的に反発しているだけである、という主張が注目を集めている[28]。しかしこのような論調に対しては、実世界に存在するさまざまなジェンダーの不均衡を「仏教理念という高いところからだけ論じても、伝統仏教のなかに残る女性蔑視的な考え方や女性差別の実態に迫ることはできない」という川並の明快な分析が有効であろう(川並 二〇〇七：二四)。

第一章の冒頭で述べたように、ジェンダーの視点は「女性の視点」と同義ではない。ジェンダーは、一元化された「女性の視点」をこえて、重層的な差別と抑圧の経験に応答する視点を意味しているのである。それは自己の立ち位置を内省的に見つめ直すことを要求する視座であり、そのためには自己が享受してきたさまざまな特権を捨て去る学びが必要になってくる。本章で述べてきたような、ジェンダーの視点に対する無自覚な隠蔽や過剰な反発は、既存のジェンダー構造によって恩恵を受けてきた人々にとって、ジェンダー批判からの脱中心化がいわばアキレス腱を切られるにも等しい効果をもつために起こるのではないのか。繰り返すが、ジェンダーの視座は、学問的な知の生産と宗教現象を想像的に見直す可能性を開くものである。本書の議論が、現代日本の伝統仏教を再想像する試みと理解されることを願っている。

＊本章は、川橋（二〇一二）の記述の一部を大幅に改稿し、加筆修正したものである。

註

序章

（1）ただし太田は、「ネイティヴ・アンソロポロジスト」という名称はあくまでも権力をもった言説からの「呼びかけ」であって、自ら使う名称ではない、と述べている（太田　一九九八：三九）。

（2）本来、僧侶の婚姻を問うのであれば、尼僧と呼ばれる女性僧侶の婚姻の問題も視野に入れるべきであるが、奈良はあくまでも男性僧侶の妻帯に限って論を進めているのが興味深い。

第一章　宗教とジェンダーの交差するところ

（1）たとえば、筆者の友人のチベット仏教の文献学者の女性は、文献学者たちは、現実の社会問題にコミットした発言をすると学問的評価が下がると信じる傾向がある、と述べていた。

（2）日本でのジェンダーの視点からの仏教批判のパイオニアといえる源淳子は、ジェンダーあるいはフェミニズムを標榜した最初の研究は一九九一年に源自身が共著者として刊行した『性差別する仏教』であると述べている。源は、それまでの伝統的な仏教研究が、男性よりも仏の救済が必要な罪深い存在としての女性像を肯定し、性差別の構造を見抜くことができなかったと指摘し、「仏はそのような女性を救うのであって、性差別などしていないという論法」を用いていたと述べている（源　二〇〇六：八三―四）。

（3）後述のように、人類学の分野では、欧米の Feminist Anthropology に対応する「ジェンダー人類学」という名称がある。筆者も共同研究の一員として参加・執筆している『ジェンダー人類学を読む』（宇田川、中谷編 二〇〇七）を参照のこと。
（4） カトリックの女性司祭の問題については長島（二〇一一）を参照。
（5） たとえば新約聖書「コリントの信徒への手紙」を参照。
（6） 科学的かつ理性的に説明し理解するための客観的で中立的な宗教一般への理解が必要となった歴史的背景は磯前（二〇〇六：七―八）を参照。
（7） ただし、七〇年代の議論の多くは、客観性は男性の分析的・分離的認知の所産であるのに対して、女性の認知はエンパシーにもとづきつながりを求める、としているので、本質主義の色が濃い印象を受ける。
（8） 筆者はこの事典中の「日本の宗教とジェンダー」の項目を執筆した（Kawahashi 2005）。
（9） ジョイは、国際宗教学宗教史会議（ＩＡＨＲ）の女性研究者のネットワーク（Women Scholars Network：WSN）の創設者のひとりであり、筆者も日本側の運営委員として加わっている。ＷＳＮは二〇〇七年以来、女性研究者たちがお互いに有益な情報を交換し、アカデミアの中で支えあうためのメーリングリストを運営している。現在のモデレーターは、前述のユスカである。
（10） 実際、宗教学は人類学と異なり、ジェンダーやフェミニズムの問題意識をもつ「グレイト・マザー」的な女性研究者が、その問題意識を若い世代の研究者に継承させている姿を見つけにくい。欧米でも、人類学のマーガレット・ミードのような女性は、宗教学にはいない、と言われることがあるが、日本文化人類学会はすでに女性会長が二度誕生している。しかし、筆者は人類学のアカデミーを理想化しているわけではなく、人類学の友人女性たちの苦闘もよく知っている。筆者自身も、ある男性人類学者から「君たちのやってるフェミニズムとかそういうのは好きじゃないし興味ないから」という言葉を投げつけられたことがあり、この男性が性差別ではなく人種差別に関しても、「そういうのは興味ないから」と言えるのだろうか、と疑問に思った経験がある。

（11）この傾向が、若手の女性のジェンダー研究者によっても共有される一例として松浦（二〇〇六）がある。松浦論文への反論としては川橋（二〇一〇a）を参照。

（12）筆者の論文に対する私信のコメントによる。

（13）釈昭慧については、台湾女性史入門編纂委員会編（二〇〇八：一八九）を参照。

（14）筆者の友人の女性人類学者は、これに加えて行き過ぎた構築主義への苛立ちが、フェミニズムをいわばスケープゴートとして表出しているのではないか、と興味深い指摘をしていた。ちなみに、筆者はある宗教関係の研究所の委員会の場で、年配の男性研究者から、ジェンダー研究のような物議をかもす企画を当研究所が支持するのは容認できない、といった批判を数十人の委員を前にして浴びせられたことがある。このときは、あたかも時間が二十年ほど逆行したかのような気分を味わった。しかし、この委員に同調する声はほとんどなかったこともまた事実である。

（15）川橋と黒木（二〇〇四）の第二章を参照。

第二章　「ネイティヴ」の「フェミニスト・エスノグラファー」として書くこと

（1）筆者のバイカルチュラルなはざまの経験については、東洋大学で開かれた「共生とアイデンティティ」のシンポジウム記録の中で述べてある（川橋　二〇一〇b参照）。李孝徳は、彼自身の授業での学生の反応に関して、日本の学生が人種的差別の問題をほとんど理解できないことに言及している（李　二〇〇九：二〇四）。

（2）砂川秀樹は日本のゲイ／レズビアン・スタディーズにおける発話の場の問題が、当事者／非当事者という対立軸に収斂しがちであることを批判しつつも、当事者として語ることが単に正当性の根拠としてではなく、大きな力への抵抗や告発のために意識的に明示されるポジションでもありえると述べている（砂川一九九九：一三六）。

（3）　同じくネイティヴ人類学者の立場から加藤恵津子は、自分の研究室を異国でのフィールドワークの写真や民芸品で飾ることのできない境遇を述べ、彼女のフィールドが日本・日本人であることを告げるたびに、人々の顔から興味や関心が消えていく経験について語っている（加藤　二〇〇六：二一六）。なお、加藤と筆者は、桑山が代表を務めるネイティヴ人類学に関する国立民族学博物館の共同研究に、メンバーとして加わっている。

（4）　筆者はかつて、日本の伝統仏教と妻帯の研究に関心をもつアメリカ人の白人男性仏教学者から数回にわたり助言や資料提供を求められ協力した結果、彼の著書の謝辞中ではまったくアクノレッジされなかった経験がある。それに対し書面で疑義を呈したところ、「名前が記載されていないのは単なる不注意からだ」という返事をもらい、納得できなかった記憶がある。ほぼ一〇年の後、このアメリカ人研究者と学会で遭遇した折、「あの時はうっかりしていたが、著書がペーパーバック版で重版されたので、今回は謝辞に名前を入れておいた」と告げられた。

（5）　筆者は二〇〇三年の第八回比較日本文化研究会において『『他者』としての『日本女性』――欧米の地域研究言説を中心に』という題で発表する機会を得た。川森博司氏をはじめとする当日の参加者の方々との有意義なディスカッションに感謝する。日本研究にかかわる主体は、国内外で複数化してきている。私が在籍していたプリンストン大学でも、いわゆる欧米人研究者の他に、「ネイティヴ」の日本人、アメリカ生まれの日系人、中国人、韓国人、白人だが日本で生まれ育ったもの、両親のどちらかが日本人であるもの、配偶者が日本人であるものなど様々であった。

（6）　例えば東洋人女性が西洋のまなざしによって他者化されるとき使われる呼称には、「オリエントの真珠」、「バタフライ」、「ドラゴンレディ」、「チャイナドール」などがある（新田　二〇〇三：一九一）。

(7) このような一面的な視点から書かれた代表的なテキストにはカレン・ケルスキーの *Women on the Verge: Japanese Women, Western Dreams* がある（Kelsky 2001）。加藤（Kato 2007）はこのような見方への反論である。近年、「日本人女性」の視点から、コロニアルフェミニズムへの批判を述べたテキストがいくつか生みだされている。加藤（二〇〇六）、藤田（二〇〇八、特に第三章）などが秀逸である。

(8) 同様のことをチャンドラ・モハンティは「観光客としてのフェミニストモデル」とよんでいる。これは、「白人女性の責務」または「コロニアル言説モデル」と言い換えられるが、西洋の女性の視点が、家父長制的な文化の発見に狙いを定めて非西洋の文化を探索するあり方を示している（Mohanty 2003：518）。

(9) ハーディカーは、筆者が在籍していたプリンストン大学大学院宗教学部で、一時期ではあるが筆者の指導教官であった。なお彼女は、二〇〇五年に東京で開かれた国際宗教学宗教史会議（ＩＡＨＲ）の特別全体会議「日本の宗教と宗教研究」の基調講演者でもある。彼女の水子供養に関する著書は、アメリカで優れた日本研究に与えられる、有沢広巳記念賞を受賞している。ハーディカーは、霊友会などの仏教系教団におけるフィールドワークの経験にもとづいて、宗教学者が一生をかけるべき問題は宗教とジェンダーとの間の逆説的かつ多層的な関係の解明である、と述べている（Hardacre 2003：82）。それならばなぜ彼女自身まったく逡巡することなく日本女性の宗教的主体のあり方について判断を下しているのか、理解に苦しむ。なお、日本人の女性研究がハーディカーのコロニアルな言説を支持する例として、松浦（二〇〇六）がある。松浦論文への反論としては川橋（二〇一〇ａ）を参照されたい。

(10) さらに酒井直樹は、人類学者とネイティヴとは「同じ時を生きる」、つまりお互いに対して開かれているのでなければならない、と述べている。お互いが開かれているとき、両者はともにアドレスしあう関係にあり、お互いに「返答する責」を負ったものとしてかかわりあっている。これを酒井は「共在性」とよんでいる。共在性とは、私が他者の「まなざしに暴露されている」ことを意味している（酒井　二〇〇一：

二二五―二二六)。コロニアルフェミニストの言説から決定的に欠落しているのは、この応答の責と、他者のまなざしの自覚である、といえよう。

(11) クオック・プイランは、現在マサチューセッツ州の聖公会神学大学で教鞭をとるフェミニスト神学者であり、アジア系女性としてはじめてアメリカ宗教学会(AAR)の会長を務めている。

(12) この背景にあるのは、普遍的フェミニズムと相対主義的フェミニズムの葛藤である。この問題をめぐっては、別のところで述べたのでここでは繰り返さないが(川橋 二〇〇七bを参照)、啓蒙主義的なコロニアルフェミニズムのアジェンダが非西洋の女性を近代的自我の欠如と男性支配の呪縛から救おうとするとき、非西洋の女性たちが反論の声をあげれば、それこそが家父長制にからめとられた女性たちの後進性の証と解釈されてしまうことが問題となる。つまり、普遍主義フェミニズムのアジェンダに合致しない立場は土着の家父長制の支持と誤読されるのである。さらに、「普遍的人権」の理念にもとづくフェミニズムへの懐疑が、「文化相対主義」や家父長制の擁護と読み替えられてしまうのであれば、女性たちに許された選択肢は伝統を捨て去ることとされる。しかも同時に皮肉なことは、コロニアルフェミニズムへの抵抗の行為が、土着の家父長制の温存に加担する結果を招く、ということである。必要とされるのは、普遍主義的なコロニアルフェミニズムの言説にも、またそれに抵抗する家父長的な土着主義にも回収されずに、いわば両極に足をとられずに進む巧みさと慎重さなのである。この意味でポストコロニアルフェミニストたちは二重の課題を背負っている。彼女たちは「白人フェミニズムの人種偏見と、反人種差別と反植民地支配の闘いにおけるジェンダー無視との、両方と戦わなければならない」のである(ルーンバ 二〇〇一:二〇三)。ナーラーヤン(二〇一〇)も参照のこと。

(13) 筆者のこのような姿勢は、『混在するめぐみ』の第三章「仏教界の女性運動――実践としてのフェミニスト・エスノグラフィー」で詳しく述べられている。

（14）この議論は川橋（一九九七）、川橋・黒木（二〇〇四、特に第二章）で述べた。日本でのフェミニスト人類学関係の論述では、中谷（二〇〇一）や宇田川（二〇〇三）が優れている。宇田川・中谷編（二〇〇七）も参照のこと。

（15）チョン・ヒョンギョンはこの「こだま」の概念を、エリザベス・タピアの、貧しいフィリピン人女性キリスト教徒に関する学位論文（Tapia 1989）に負っている。

（16）この多面的なアイデンティティの考察は、香山洋人氏、李恩子氏との共同研究の対話に啓発されたものであることを記して感謝する。

第三章　妻帯仏教の背景

（1）しかし、唯一日本の僧侶のみが妻帯するわけではなく、韓国の太古宗は妻帯宗派であり、日本の寺族にあたる僧侶の妻が存在する。

（2）この問題に関する先行研究としては、ジャフィー（Jaffe 2001）がある。ボラップの論考は、ジョン・ネルソン他編集の *The Handbook of Contemporary Japanese Religions*（Prohl and Nelson, eds. 2012）に収録されている。この本には著者の、ジェンダーの視点からの日本仏教の改革運動についての章も収録されている。出版前のボラップの論考に注意を向けさせてくれたネルソン氏の好意に感謝するものである。

（3）仏教僧団の基本理念である出家の意義や戒律についての説明が、課題として明確に意識されていないことを島薗も指摘している（島薗　二〇〇八）。

（4）しかし、昭和三〇年代に発表された山内の論考は、曹洞宗教団内ではさほど知られていないように見受けられる。

（5）『曹洞宗宗報』一九九四年九月号参照。このような特集が実現したのは当時の教団宗務庁の出版課に理解ある人材がいたからである。なお、この特集号の執筆者四人のうち、筆者を含む三人は女性であった。他の二名は現在住職をつとめる中野優子と二〇一〇年に急逝した著名な布教師の黒田随應である。

(6) 各地での研修会などを通じて出会った曹洞宗の寺族女性たちのなかには、曹洞宗九州管区寺族会設立の功労者である永野陽子、近畿管区で「寺族のまなび」の学習会を立ちあげた永島慧子、東北管区の寺族の運動の中心のひとりである神作喜代乃、三重県の寺族会の元会長で仏教賛歌の活動で知られる太田紀子、女性と仏教東海ネットワークのコア・メンバーである岡田文子、長年にわたり『月刊 寺門興隆』誌で寺族の視点からの連載を続ける鏡島真理子、樹木葬の実践で知られる三上佳子などがいる。また、原発の危機を訴えた『まだ、まにあうのなら』(地湧社、一九八七年)を書いた甘蔗珠恵子は、筆者が『曹洞宗報』に載せたエッセイをきっかけに知り合うことのできた福岡の寺族である。

(7) 当時、筆者のように東海地方に住む者と、関東地方に住むメンバーとが連携しながら活動を始めたが、「フェミニズム・宗教・平和の会」の長年のメンバーであった日蓮宗僧侶の小澤妙慧は、両方のネットワークをつないだ重要なメンバーである。関東の会は、日蓮宗、浄土真宗本願寺派、曹洞宗と特定の教団に属さない女性が立ちあげに加わった。東海の会は、日蓮宗、真宗大谷派と曹洞宗の女性(筆者)が中心に立ち上げたが、真宗大谷派の女性運動のパイオニアであった羽向貴久子の功績が大きい。

(8) 筆者もこの三冊の企画編集にかかわったが、これらの出版は、関東ネットワークの小澤妙慧、菅原征子、瀬野美佐、枝木美香および東海ネットワークの尾畑潤子と小林奈央子の力添えなしには実現しなかった。また、最初の二冊を刊行した朱鷺書房の故・北岡敏美氏には心から感謝している。関東ネットワークは独自に『女たちの如是我聞』という冊子を発行し、現在までに一二号が出ている。これは関東ネットワークの瀬野美佐の尽力によるが、この冊子の立ち上げにあたっては、日本キリスト教団の「神奈川教区　性差別問題特別委員会」が発行する『教会と女性』の冊子を参考にした。関東ネットワークでキリスト教界の女性運動についてお話しいただいた、故・福原啓子氏に感謝する。

（9）筆者も他宗派ではあるがこの会の会員であり、「おんなたちの会」が発足して一〇年目の一九九五年に「宗派をこえて」をテーマにした全国集会に招かれ、曹洞宗の立場からの発題をした。この集会を企画した当時の連絡係の藤場芳子に感謝する。筆者の報告と浄土真宗本願寺派の男女共同参画運動の中心のひとりである戸澤葉子の報告は、『真宗大谷派における女性差別を考える女たちの集い　第七集』に収録されている。

（10）黒木雅子の指摘に感謝する。カトリック信者である三浦朱門文化庁長官が、男性の性暴力を容認するかのような発言をし、女性団体からの抗議を受けたのもこの年である。

（11）『教化研修』四四号（二〇〇〇年）から、五三号（二〇〇九年）、また二〇一〇年から二〇一一年の『曹洞宗総合研究センター学術大会紀要』などを参照のこと。筆者自身も一九九四年と一九九五年にこの学会で発表したが、そのときの経験から、寺族の女性たちが教団の学会で発表することの意義を実感し、何人かに発表を勧めたいきさつがある。しかしその後、「寺族が発表できるなら誰でも発表できてしまう」というような無理解な声も聞かれたようである。

（12）二〇一一年六月に東京で開かれた「寺族友の会」総会での配布資料による。おもに関東地方の寺族たちが結成した任意団体であるこの会の活動については後述する。

（13）例えば、『曹洞宗報』の二〇〇五年五月号、二〇〇六年五月号などの宗議会会議録特集号を参照。

（14）井上順孝は、仏教系大学で、一部の僧侶の師弟の振舞いが一般学生たちから「非常な不快さを持って眺められている」のは紛れもない事実であると述べ、このことは仏教界全体の評価を下げる、と厳しく指摘している（井上　二〇〇四：一一二）。

（15）編者のひとりである末木文美士は連載の最後で、「過去の戒を現在どのように受け止めるかということは真剣に考えられているのに対し、未来に向けて何を創造していこうとするのか、その積極的なメッセージがもうひとつ伝わってこなかった」と総括している（多田、末木　二〇〇四：一四六）。

（16）この日蓮宗女性教師の会については、ネットワークの編著の中で、日蓮宗女性住職の大島が詳しく述べている（女性と仏教東海・関東ネットワーク　二〇一一：五一―六四）。この会は、二〇一二年一二月にも、現代における僧侶の戒律をテーマに公開講演会を主催している。公開講座や講演会の内容についての貴重な補足説明を伊藤美妙と岡田真美子の両氏から伺えたことを記して感謝する。

（17）筆者は出家教団をすべて「在家化」して、寺院の世襲制を徹底させよ、と主張しているのではない。僧侶の結婚と寺院の世襲相続とは、切り離して考えられるべき問題である。蓑輪も、専門職者としての僧侶が結婚して家族をもつ事象と、寺院を個人の資産として所有する事象とはまったく別次元の問題であるととらえている（蓑輪　二〇〇六：九六）。また、出家教団が僧侶の妻を婚姻制度の中に位置づけていないことは、夫婦別姓などの、男女がお互いを平等な個人と承認するあり方とはまったく別の事象であることも強調しておきたい。

第四章　女性たちの挑戦

（1）瀬野は女性と仏教関東ネットワークの世話人を長年務めている。

（2）『曹洞宗宗勢総合調査報告書　二〇〇五（平成一七）年』（曹洞宗宗務庁　二〇〇八）の第二章第三節と第七章を参照のこと。この一〇年前の一九九五年の意識調査で初めて、寺族自身に向けられた調査項目が登場したが、当時大学の非常勤講師であった筆者は、項目の簡単なひな形を出すように依頼された。しかし、寺院生活の不満点として寺や教団の中の性差別的な慣習をあげた項目は採択されなかった記憶がある。

（3）このような差別説教について、女性僧侶の中野優子（優信）は厳しい批判を加えている。中野は家父長制批判と性差別の観点から寺族問題に取り組んだパイオニアのひとりといえる。

（4）「寺族得度」そのものが内包する矛盾については、粟谷（二〇一二）が詳しい。曹洞宗における寺族の位置づけが整合性を欠く理由のひとつに、教団の憲法である「曹洞宗宗憲」では「寺族」がおもに僧侶の配偶者に当たる事実があいまいであるのに、法人運営の細かい決まりや手続きを記した「曹洞宗規程」中の「曹洞宗寺族規程」においては、研修会の参加や寺族得度の手続きに関して、寺族という用語が僧侶の配偶者である女性を指し示していることがほぼ前提とされている、という不可解な事情があげられる。

（5）この『寺族必携』の製作過程には宗務庁の女性職員や寺族が関与したこともあり、寺族の目から見ても好ましい出来映えである。しかし残念ながら、宗務庁出版課が満を持して刊行したこの本の活用度にはかなりの格差がみられるようである。岩手県のように宗務所が全寺院に配布したり、寺族たちが自主的にとりまとめて購入しているところもあるが、筆者の地元愛知県のように本の存在自体がほとんど知られていない地域もある。

（6）もちろん、寺族代表が責任役員になれる制度を知らない寺族もいるが、それよりも筆者が驚いたのは、教団の役職者でありながらこの制度を知らない僧侶がいることである。筆者が初めて宗門の僧侶を対象にした研修会で寺族問題について講演したとき、同じ研修会に講師で招かれた僧侶が筆者に対して、「宗門に寺族が責任役員になれる決まりなどない。住職さんたちは制度には詳しいから、あまりいい加減なことを言うと恥をかく」と釘をさしたのである。この講師は前述の通信教育のレポートの添削委員を務めた経験をもつ、生命倫理などの現代教学に関して活発に発言する著名人であっただけに驚愕した。後日筆者が、普段からこの講師の人権理解に批判的であった故・石川力山駒澤大学教授にこの件を伝えたところ、非常に憤慨していたことは懐かしい思い出になっている。石川力山は一九九七年に急逝したが、教団の人権問題に対する最良の理解者のひとりであった。

（7） 例えば、瀬野（二〇〇四）、秋月（二〇一一）、神作（二〇一一）を参照。曹洞宗で寺族であった女性が僧侶の資格を取るためには、その女性が一般の短大卒以上の学歴をもつ場合、通常一年間の本山僧堂での修行が必要である。高野山真言宗では、住職が死亡した寺院の寺族がすみやかに法務をおこなえるように配慮し、資格を得るために必要とされた期間を従来の半分の六ヶ月間に短縮することを決めた（『中外日報』二〇一二年三月一日付）。しかし、曹洞宗ではこのような便宜を図ることはしていない。『月刊 寺門興隆』二〇一二年五月号掲載の特集記事「寺族も教師資格を取らねばならぬのか」も参照のこと。

（8） 一般の檀信徒女性のための曹洞宗婦人会は全国組織化されている。曹洞宗以外にも、婦人会は全国組織化されているにもかかわらず、寺院女性の組織は必ずしもそうなっていない（浄土真宗本願寺派など）のは興味深い。

（9） 『みち』は他府県の寺族のあいだでも反響をよび、平成二三年には改訂版が発行された。無理解な僧侶たちもいる中で、これだけのテキストを自主的な勉強会にもとづいて作りあげた九州管区の女性たちは賞賛されるべきである。筆者は二〇〇八年の九州管区寺族会総会で、「曹洞宗の事例から見えてくる現代仏教教団のジェンダー問題」という題名で講演をしたが、寺族女性たちの熱意もさることながら、出席した九州各県の役職者の僧侶たちが寺族とともに考えていこうとする姿勢をもつことに感銘を受けた。この概要は、九州管区寺族会会報『愛語』の第一六号に掲載されている。

（10） 東北管区寺族会に関する資料を提供していただいた、東北管区教化センター統監の高橋哲秋氏に感謝する。筆者はまだ非常勤講師だった時代から、高橋老師の招きで東北管区の僧侶や寺族を対象とした研修会で、宗門のジェンダー問題について講演する機会を得ていた。二〇〇〇年には高橋老師の企画で、女性と仏教のネットワークの主要なメンバーでもある神作喜代乃と瀬野美佐と筆者によるシンポジウムが開催された。東北では宮城県の宗務所寺族会のように、寺族会の会報も独自性のある内容で、各種研修会の講師も主体的に女性たちが選定している地域がある。

(11) 発案者の太田紀子は、二〇〇九(平成二一)年当時は三重県寺族会の会長を務めていたが、仏教賛歌の活動で知られ、『幸せの見つけ方　お寺の奥さんが綴る仏さまの教え』(文芸社、二〇一一年)の著書もある。ちなみに、筆者の住む地域には、寺族会はあっても独自の会報などは存在しない。

(12) この背景として、近畿管区にも、寺族の活動に理解と協力を示す教団役職者が九州同様にいたことを述べておきたい。「寺族の学び」の会は会長を置かず、県ごとに世話人を置いている。

(13) 「寺族友の会」は二〇〇九年の時点で約九〇名の会員がいる。筆者は、この会の発足時の集会にオブザーヴァー的に参加したが、出席者たちが、『宗報』の寺族問題の特集号の存在も含めて、宗門ですでに始まっていた寺族問題に関するさまざまな議論をほとんどに知らずに会を立ち上げようとしていたことに少なからずショックを受け、寺族たちのあいだで情報が共有される必要性を強く感じた。その後、二〇〇九年の学習会には東北や九州の寺族も参加し、寺族の苦境に冷淡な僧侶の具体例や、寺族たちが早いうちから問題を認識する必要性などが討議されたという(『週刊仏教タイムス』二〇〇九年七月二日付)。

(14) 大谷派の女性室には、日蓮宗の現代宗教研究所の研究員であった女性僧侶たちも視察に訪れている。『現代宗教研究』三九号(二〇〇五年)を参照のこと。

(15) 教団の二〇〇四年から二〇〇七年までの資料を見ると、毎年三〇件から四〇件強の相談があり、対人関係の悩み、寺族と宗制に関する相談、寺族保護や後継者問題、研修会や通信教育についての要望などが主な相談内容にあげられている。

(16) 当初は意見を出さないつもりでいた筆者も、まわりの女性たちの熱意に動かされ、それまで教団の講演会で述べてきたことの要約的な文章を提出した(筆者の講演内容の一例は、『中外日報』二〇〇四年一二月四日付に要約記事が掲載されている)。これに加えて、筆者の地元である愛知県では宗務所の担当者たちが公聴会にほとんど関心を示さず、寺族会の役職者たちにも公聴会での意見募集の情報はいきわたっていなかったため、寺院数が際立って多い愛知県から意見がまったく出ないのはまずいのではないか、という危惧もあった。

(17) これらの発表は、曹洞宗宗務庁教学部発行の『寺族研修』の第二八号(二〇〇七年)に、公聴会の記録として収録されている。

(18) この事例は、東京都寺族会の会報(二〇〇九年四月)の中で、萩野頼子が紹介している。また、公聴会で発表する寺族を「スーパー寺族」などと揶揄する声も聞かれたそうである。

(19) 筆者はこの葬儀法の議論よりも、出家主義の名目を保つために、夫である住職と妻の寺族が、自己の意思に関係なく別々の墓に入る風習が地域によって残っていることのほうが問題にされるべきではないかと考えている。ちなみに真宗には、坊守のために特別に制定された葬儀法などはない。

(20) 『週刊 仏教タイムス』二〇一〇年一月二一日号参照。飯島惠道は女性僧侶の立場から、宗門女性全体の問題として寺族問題をとらえなおし尼僧も交えて討議すべき必要性を強調している。飯島は二〇〇八年の公聴会に優れた意見を寄せ、尼僧の公聴会も開くべきと要望したが、登壇者には選ばれていない。

(21) 中西と上野は、「当事者学があきらかにするのは、当事者でなくてはわからないこと、当事者だからこそわかることがある、という主観的な立場の主張である」と述べている(中西、上野 二〇〇三:一六―一七)。

(22) 公聴会のパネルで司会を務めた柚木祖元は、公聴会がマンネリ化しているという声もあるがこれは長く続けられるべきであるという旨の発言をしていた。運営委員のひとりは、予算の関係で休会になったという説明を聞いたというが、これは教団が種々のイヴェント行事のために予算を充てていることを考えると理解しがたい。それまでの四回の公聴会の詳細な記録は教学部発行の『寺族研修』に収録されていたが、五回目の公聴会に関しては、わずか一ページ程度の簡単な報告が『宗報』二〇一一年一月号に掲載されたのみである。この五回目の公聴会の内容に関しては、『中外日報』二〇一〇年一一月二七日付の記事のほうが詳細である。

(23) 上野は、近年のバックラッシュに対して、さまざまな立場で活動する女性たちが「東京都に抗議する」という一点でまとまったことを述べている(上野 二〇一一:二七四)。

(24) 三回目の公聴会に東北から登壇した大場修子も、寺族規程で定められた任務について、求められることは大きく保障は何もない、と不安を述べていた(曹洞宗宗務庁『寺族研修』三〇号、二〇〇九:五四)。

(25) 瀬野美佐は一〇年にわたり、曹洞宗の学会で寺族の定義について発表を続けている。

(26) 実際、公聴会での田中良昭の基調講演で筆者は、一九三七年の「曹洞宗寺族保護規程」には、「寺族と称するは寺院住職の妻子にて」、という文言があり、同様に一九五二年の規程にも、寺族は「住職の配偶者または近親者」という文言が見られることを学んだ。しかし、この時代の寺族は現在よりもはるかに不遇であったことは明らかである。

(27) 「あまんずのダイアローグ」という連載は、ネットワークのメンバーでもある女性僧侶の飯島惠道が担当していた。また、「寺族のテラス」と題されたシリーズには、ネットワークのメンバーで古代仏教史の研究者である菅原征子(一四〇号)や、公聴会に登壇し後に市議会議員になった江京子(一四三号)が執筆した。筆者も一三九号にエッセイを載せている。

(28) 『中外日報』二〇一一年二月二二日付、『朝日新聞』二〇一一年一〇月二五日付などを参照。なお、この集会の参加者には、寺院の娘でいわゆる婿養子になる僧侶を求める女性もいる。

(29) 注(17)を参照のこと。筆者のコメントが掲載された『SOUSEI』一五二号(二〇一一年)には、女性僧侶たちの座談会も収録されている。

(30)川橋・黒木(二〇〇四)の九五―九七ページを参照。現在の曹洞宗教団には、丸山劫外や飯島恵道のように、大学院で仏教学を専攻し著作活動やブログ(「風月庵だより」や「あまんず臨機飄変」など)で意見を発信する女性僧侶たちが存在する。丸山の著書としては、『雲と風と月と――尼僧の供養記』(中央公論事業出版、二〇〇九年)がある。

(31)内野の論文は英訳され、日本宗教を英語で研究する研究者の必読文献のひとつとなっている(cf. Uchino 1987)。これに対して、曹洞宗の尼僧は伝統仏教文化の宝である、という立場に立つ研究にアライ(Arai 1999)がある。

(32)「仏教を趣味とする」OLたちが編集し話題になった『心安らぐ「仏教女子入門」』(丸の内はんにゃ会編、洋泉社、二〇一〇年)などを参照。

(33)たとえば、『日本フェミニスト神学・宣教センター通信』一六号の女性聖職者特集を参照。また、『MINISTRY ミニストリー』二〇一〇年夏号には、女性牧師たちの興味深い鼎談が収録されている。

(34)この点に関して勝本華蓮の『尼さんはつらいよ』には非常に不正確な記述が見られる。勝本は女性と仏教東海・関東ネットワークの編著に関して、女性僧侶の境遇への視点や共感を欠く寺院の妻たちだけによる本のような記述をしているが(勝本 二〇一二:一三八―一三九)、これは訂正されるべきである。

(35)筆者はネットワーク活動を始めたのと同時期に、大谷派の友人たちに誘われて、「おんなたちの会」の会員になった。

(36)教団に近い立場から、研究者が坊守と住職の役割について考察した論文に窪田(二〇〇六)がある。近年、真宗の女性問題は欧米の研究者からも注目されている。筆者が知るもっとも包括的な研究者には、ドイツのシモーネ・ハイデッガーがいる(cf. Heidegger 2010)。

(37)「おんなたちの会」は、二〇〇七年二月に、柳澤厚生労働大臣の「女性は産む機械」発言に対する抗議声明を発表し、子供を産む女性こそが健全な女性であるという考え方の差別性を指摘した。また、二〇一一年の一一月には、真宗大谷派として「脱原発声明」を公式に発表することを求める「おんなたちの会」からの要望書が、教団執行部に提出された。

(38)『おんなたちの会にゅーす』八二号を参照。また初代の連絡係であった羽向貴久子もこの事件について詳しく記している(羽向 一九九九:一三三)。ちなみに、第一回目の『報告集 真宗大谷派における女性差別を考えるおんなたちの集い』によると、差別発言をした役職者は「へんなババアではなくヘンなオバアサンといったのだ」と弁明したそうである。

(39) 聖公会における女性聖職実現運動の歴史については、三木(二〇〇三)を参照。最終的に女性司祭叙任の議案が可決されたのは一九九八年である。

(40) 第六二号を参照。筆者が、ネットワークのメンバーでもある大谷派の宗議会議員の旦保立子をインタヴューした記事は、『国際宗教研究所ニュースレター』四九号に掲載されている。旦保をはじめ大谷派で女性運動に携わる坊守女性たちの多くは、得度をして僧籍をもつ場合が多く、女性住職実現を求める要望書には多くの坊守がかかわっていた。しかし曹洞宗では出家得度した女性僧侶が同時に寺族の資格も維持することは認められていない。このことは、出家教団において女性僧侶と寺族との連帯を難しくする要因のひとつともいえよう。曹洞宗のような出家教団と比べて、僧侶としての資格取得が真宗教団では比較的容易であることも付け加えておきたい。二〇一二年に坊守登録している「現坊守」の有僧籍者の割合は七一・五%である。また二〇一一年現在、大谷派には一一二名の女性住職が存在する。

(41) 大谷派宗務所の解放運動推進本部女性室から、「ジェンダーかるた」は冊子となって発行されている。筆者はこの冊子を、曹洞宗でも同様のものが作れればという思いで曹洞宗の友人たちに送った。

(42) 親鸞とその妻との関係については、遠藤(二〇〇七)、西口(二〇〇六)などを参照。

(43) 浄土真宗本願寺派の宗法では、「坊守」を「住職の妻および住職であった者の妻又はその生存配偶者」と明記し、婚姻関係を前提とした坊守規定を用いてきたが、二〇〇四年一月に、「坊守」を従来の「住職の妻」から切り離し女性に限定しないとする宗法改定案を提示した。この性別・婚姻条項の撤廃を受けて、二〇〇五年には男性の坊守が誕生した。

(44) 「男女両性で形づくる教団」を特集テーマにした女性室広報『あいあう』一七号の一四ページを参照。一九九一年の段階ではまだ、女性の住職就任は男性後継者を欠く寺院に限定されていた。このような制限は出家教団との大きな違いである。

(45) 例えば、『おんなたちの会ニュース』八一号に掲載された、過去に連絡係を務めた碧海波留美の発言を参照。

(46) 本願寺派僧侶の山崎龍明氏も、「真宗者は妻帯できていいですよね」ではなく、結婚するときは、「結婚とは本質的に何なのか」男女が「共同生活を営むとはどういうことなのか」を、念仏者の課題として担って生きることとの必要性を述べている（奈良、山崎　二〇〇九：五三）。

(47) 旦保の発言は、ネットワーク主催のシンポジウムの記録に収められている。同じく池田と筆者のコメントも参照されたい（女性と仏教東海・関東ネットワーク　二〇一一：八二―八三）。

(48) 筆者のこのような論点は、大谷派女性室が主に男性に向けて発行する広報誌の『メンズあいあう』第五号に、「他宗からみた真宗教団」という題名で掲載されている。宗教史学者の林淳は、近代に活躍した知識人僧侶には真宗の僧侶が多かった理由として、早くから妻帯を認め「俗人仏教徒的」性格をもつ真宗では、普通教育を受け高学歴の僧侶が育ちやすかった点を指摘している（林　二〇一二：一〇四）。このような利点が認められるのは確かであるが、一部の真宗の僧侶（男性・女性を問わず）に見受けられる「在家仏教至上主義」的な姿勢は容認できない。現在でも厳しい戒律を守り真摯に出家者としての独身の道を選ぶ僧侶たちがアジアには多数存在することも尊敬されるべきではないのか。

(49) ネットワークのメンバーたちが文章を発表する場所は確実に増えてきている(女性と仏教東海・関東ネットワーク 二〇〇四:四―五)。雑誌にエッセイを連載するメンバーもいれば、教団の研究所の研究員になった者たちもいる。また、二〇〇七年からは、キリスト教の日本フェミニスト神学・宣教センターとの間に交流も始まっている(女性と仏教東海・関東ネットワーク 二〇一一:八)。

(50) 大谷派では、女性室の男性スタッフである土屋慶史の、ジェンダー問題に取り組む男性僧侶からの提言が優れている(土屋 二〇一一)。

(51) このような変化は、最近の全日本仏教会で事務総長職にあった、本願寺派の池田行信と浄土宗の戸松義晴の開明的な姿勢の賜物である。この問題意識が今後も継承されることが重要である。

(52) 「女性と仏教東海・関東ネットワーク」編集で二〇一一年に発行された三冊目のアンソロジーには、出版社の見落としによって、尾畑潤子の真宗経典に関する執筆箇所に重大な誤植が残り、非常に残念な結果となっている。

第五章 フェミニスト仏教の可能性

(1) 例えば、筆者の友人で日本の新宗教を研究するヨーロッパ人の女性は、新宗教のジェンダー問題について調査していると、彼女自身が女性としてつらくなるので、あえてジェンダーについては触れないことにしている、と語っていた。これは、彼女が調査した教団で出会った一部の女性たちの境遇への、同情やシンパシーにもとづく表現である。

(2) 日本では一九八四年から、大隈和雄氏や西口順子氏らの研究者を中心とする「研究会・日本の女性と仏教」が活動を続け、一九八九年には平凡社から『シリーズ 女性と仏教』を四冊刊行している。中世の禅宗尼僧の研究で知られるコロンビア大学のバーバラ・ルーシュは、この研究会の主要メンバーを招いて一九八九年に日米合同でシンポジウムを開催したが、当時プリンストン大学の博士課程で学んでいた筆者も参加する機会を得た。

（3）数年前にも、伝統仏教の高僧である、ある男性研究者が、もしも学会がフェミニズムや男女共同参画などの政治的な考えを許容すれば、研究者は性差別的な伝統を批判しなくてはいけなくなるのでそんなことは到底容認できない、と主張したという話を聞いて驚愕した。

（4）前田専学は、「灯明」は、「島」と訳すほうが原義に忠実である、と述べている（前田　一九九九：三四一）。

（5）奈良康明（二〇〇九：五一）からの引用によるが、原典は『ダンマパダ』経典である。

（6）しかし、末木は、二項対立的な差異を無化させる仏教の「空」の思想は、「他者との差異を根拠のない表層的なものとして、安易な等質化を招く恐れがある」と述べている（末木　二〇〇四：一二）。

（7）たとえば、筆者の知る、上層階級出身で長年京都に住んでいるアメリカ人の白人男性は、同じような階層出身の欧米人たちと、毎年リゾートホテルで瞑想や座禅の会リトリートを開くそうである。彼らの座禅会の指導者は誰なのか尋ねてみたところ、そのリトリートのために欧米から招く白人のゼン・マスターである、ということであった。

（8）また、第二章で紹介したクォクも、グロスが自らのコロニアリズムに無自覚である点に対して批判を投げかけている。グロスは家父長制を女性の唯一最大の敵とみなしているため、女性たちが階級、人種、性的指向などによって抑圧されることを軽視している。さらに、グロスは宗教の多様性など一見多文化主義を尊重する姿勢を見せてはいるが、実際は白人女性のサークルを広げる目的で有色女性を登場させているだけではないか、と厳しく追及している（Kwok 2002：24-27）。第二章の註（11）を参照のこと。

（9）日本の尼僧の受戒制度の歴史的背景については、松尾（二〇〇八）の第三章（特に一五一〜一五九ページ）

が詳しい。

(10) サキャーディータに関する川並の批判的考察は、日蓮宗の女性住職で「ネットワーク」の発起人のひとりでもある馬島浄圭と川並の対談(司会は筆者)で詳しく述べられている。この対談(川並、川橋、馬島 二〇〇九)は、アジアの女性仏教者の現状と課題を知るうえで重要である。サキャーディータでは二〇〇九年四月に執行部の人員が入れ替わり、現会長は台湾とカナダの二重国籍をもつ台湾人の言語学者である。今後の活動がどのような方向に行くのか、注目される。

(11) 岩本も同様の指摘をしている(岩本 二〇一〇:二四)。日本では、タイで創設された社会参加する仏教者の国際ネットワークであるINEB(International Network of Engaged Buddhists)が、仏教者と性的マイノリティの問題に関するシンポジウムを開いているが、これはきわめて稀な試みである。二〇一〇年の四月に築地本願寺でINEBが開催した「東アジア国際フォーラム」は、韓国や台湾の仏教者たちを招いて「現代の苦悩と向き合う仏教」というシンポジウムの一環として「日本の同性愛者が抱える問題と仏教が関わる可能性」というテーマのシンポジウムを開いた。筆者も聴講したが、NPO法人「動くゲイとレズビアンの会(アカー)」の柏崎正雄氏を招き「女性と仏教 関東ネットワーク」の枝木美香が司会を務めたシンポジウムは、現代日本の仏教界で不可視にされていた問題に光を当てる意欲的な試みであった。

(12) 現在の曹洞宗の北米国際布教総監であるルメー大岳師は筆者の親しい友人であるが、曹洞宗が認めた女性の国際布教師が、北米には現在二三人いるということである(ただし、この大多数は白人女性であり、現時点で黒人女性は一人しかいない)。彼によると、曹洞宗が二〇一一年に国際布教をテーマに開いたシンポジウムでも、海外における女性指導者の存在に関しては、ほとんど話題にのぼらなかったそうである。実際、『曹洞宗報』二〇一一年一一月号に掲載されたこのシンポジウムの記録には、女性指導者のことにはまったく触れられていない。

(13) この会議に国内外の男性の聴衆が予想以上に多かったことは、うれしい驚きであった。またこの会議後、女性仏教者の国際的な連携の新しい試みとして、国際仏教婦人会（International Ladies Association of Buddhism）が(財)国際仏教交流センターをベースに発足し、今後もこのような取り組みが継続されることが期待される。なお、クアンゲアウの講演録のひとつは、女性と仏教東海・関東ネットワークネットワーク編（二〇一一）に収録されている。

(14) 釈昭慧について日本語で書かれた論考としては、陳（二〇一〇）がある。釈昭慧は、『台湾女性史入門』にも取りあげられており（台湾女性史入門編纂委員会編 二〇〇八：一八九）、二〇〇七年の中国文学芸術章の受章者である。筆者は中国語ができないため、英文学者のドリス・チャン（Doris L. W. Chang）の英語の通訳を介した会話であったが、自らも仏教徒である彼女が誇らしげに、「釈法師は教学論争では男性の仏教学者には負けない」と述べるのを聞いて感銘を受けた。

(15) 以下の記述は、中国研究を専門とする愛知大学講師の磯部美里氏が台北で刊行された原著『千戴沈吟』（法界出版社、二〇〇一年）を翻訳した要約にもとづいている。磯部氏の尽力に深く感謝する。なお、原著は釈性黄との共著であるが、ここでは釈昭慧執筆の章のみに言及している。

(16) 日本では、釈昭慧の存在は比較的知られていないのに対して、一九七〇年代に一大仏教教団である慈済（基金）会を創設した尼僧の釈證厳の活動は、社会貢献派の宗教団体のひとつとして非常に有名である。しかし釈證厳に関しては、彼女が説く女性の美徳が、自己犠牲や慈愛や愛育など本質化された女性像とかさなる部分が多く、女性に対する平等や正義の実現のために政府やＮＧＯが推進する取り組みと拮抗するのではないか、という批判もすでに出ている（DeVide 2010）。釈昭慧は、釈證厳とは友人であり、それぞれのやり方で社会状況を改善しようとしているのだ、と筆者に語っていたが、日本では研究者の注目を集めるのが釈昭慧ではなく釈證厳であるという事実そのものが興味深い。

(17) 女性修行者誕生の経緯は、『律小品』という仏典に記述されている（田上 二〇〇四：一〇一）。

(18) この物語の詳しい背景と重層的な解釈については、黒木が述べている（川橋、黒木 二〇〇四：一一四―一一五）。

(19) 日本フェミニスト神学・宣教センターのニュースレターの五三号と五九号には、「ネットワーク」のメンバーである大谷派の尾畑潤子と日蓮宗の馬島浄圭が、それぞれ『観無量寿経』と『法華経』を女性の経験に即して再解釈した考察が掲載されている。他教団の女性を定例セミナーに招いて下さった日本フェミニスト神学・宣教センターには、深く感謝する。

(20) 女性室広報『あいあう』一七号を参照。また、『おんなたちの会にゅーす』八二号、八三号も参照のこと。

(21) 女性と仏教東海・関東ネットワーク（二〇一一）に収録されている「シンポジウム ジェンダーイコールな仏教をめざして」では、飯島をはじめ四人の異なる宗派に属する女性僧侶たちが、それぞれの立場から提言を述べている。

(22) 筆者も「ネットワーク」の曹洞宗のメンバーに確認してみたが、講師が道元の男女平等思想に言及したという記憶がある者は一人しかいなかった。彼女によると、その講師は「インテリのお坊さん」という評判だったそうである。

(23) 平の文献を筆者に指摘してくださった菅原征子氏に感謝する。菅原氏と筆者の共通の友人であった故・福谷静岳師は、コロンビア大学の社会学の博士号をもつ曹洞宗の尼僧であったが、宗門の中ではほとんど脚光を浴びたことがなかった。生前の彼女は、道元禅師の平等思想を拠り所にしていたからこそ尼僧を続けることができた、と菅原氏に語っていたそうである。

(24) 「礼拝得髄」のこの箇所の原文は、たとえば大久保道舟が監修した『道元禅師全集 上』（春秋社、一九四〇年）の二五三ページから二五四ページに見つけられる。道元の女人成仏論は、後に彼の思想が出家至上主義的な色彩を強めていく中で変容していったことがすでに指摘されているが、この歴史的な変遷に関する解釈は筆者の能力をはるかに超えている。石川（一九九〇）や中野（一九九五b）を参照されたい。

(25) 曹洞宗の尼僧である丸山劫外は、道元は尼僧を高く評価し、彼自身が賞賛するほどの優れた女性の弟子がいたと述べている（丸山 二〇一〇）。しかしながら、筆者が友人の曹洞宗女性僧侶から聞いた話では、ある革新的な活動をしている若手の曹洞宗の男性僧侶が、ツイッターで、「曹洞宗の大本山では男女共同参画なんて無理。女性修行者用の風呂やトイレの問題があるから」という趣旨の発言していたそうである。道元禅師がこの発言を聞いたら、さぞかし嘆いたことであろう。

(26) 原田は石川力山を引いて、曹洞宗教団内で、道元の発言を根拠に、「我が宗門は宗祖以来ずっと男女平等の姿勢を保ってきた」かのような幻想が独り歩きしていることは反省すべき、と述べているが、筆者の知る限り、曹洞宗が男女平等を教団の看板に掲げているような場面に居合わせた記憶はない（原田 一九九七：一四三）。むしろ女性僧侶の中野優信の、「宗学者で、女性の成仏という課題そのものに取り組み、関心を抱いたものがこれまでほとんどいなかった」という批判が、現在でも重要な意義をもっていると思われる（中野 一九九五b：一七）。

(27) バックラッシュ、あるいは反フェミニスト的な言説への優れた批判としては、イダ（二〇〇五）、上野（二〇一二）の特に一一二〜一三六ページ、沼崎（二〇一二）などがある。

(28) 仏教はジェンダー批判を超克するという主張を述べる論者に、近年人気の高い、上座部仏教長老のアルボムッレ・スマナサーラがいる。彼は、女性差別の理由を、女性が男性よりも強いからであり、「女性差別の歴史は『女は男より強い』ことの証拠」だと述べている（スマナサーラ 二〇一一：二四）。さらに、女性の天職は「命を守ること」であり、「生命として女性には自由がない」のだから「命に関係のないことに力を割いている暇などない」と述べている（スマナサーラ　二〇一一：四四）。これらはバックラッシュ言説一般に共通する論法である。ちなみに彼は、世界に広まった女性蔑視の起源は、ユダヤ教の男性的な唯一神にある、としている（スマナサーラ　二〇一一：二〇）。

あとがき

筆者がプリンストン大学に提出した学位論文は、沖縄の村落祭祀で活躍する女性宗教者（カミンチュ）についてのフェミニスト民族誌である。フィールドワークをとおして公的な儀礼の場で主導権をとる沖縄の女性司祭たちの姿に親しんできた筆者は、それと対置される伝統仏教の女性僧侶のありように、違和感と疑問をいだくことが多かった。しかし、卒業当時は、自分が伝統仏教教団の女性についいて、本書のような民族誌を書くことになるとは、思ってもいなかった。

東京の一般家庭出身の筆者が最初に出会った「寺族」の女性は、古代仏教史を研究する菅原征子氏である。プリンストンを訪れていた中世仏教史研究の今井雅晴氏の紹介で、菅原氏の住む東京郊外の寺を訪れたのはすでに二十数年前のことであるが、寺族として寺に住み研究者として仏教に関する論文を書く女性の存在を知って、結婚前の筆者は非常に勇気づけられた。しかしそのとき菅原氏は筆者に、寺族と研究生活の両立は困難である、と伝えたつもりであったそうだ。その数年後に、曹洞宗の碩学と呼ばれた男性僧侶（故人）が寺族を対象におこなった講演会に出席したときに、自己紹介をして、自分も宗教学の研究者であると非常勤講師の名刺を手に名乗ったことがあったが、この僧侶は

「あ、そう」というひと言を残して、筆者が何を研究しているのかに興味も示さずに立ち去っていった。伝統仏教教団は僧侶の男性研究者を数多く抱えているが、僧侶の妻や尼僧である女性研究者という存在は必要としていないのではないか、とそのとき思った記憶がある。

教団側から見た女性たちは、一緒の共同体のなかにいるにもかかわらず、見えない存在、いない存在であるかのようにあつかわれる、マイノリティ集団の人々の立場と似ている。教団の女性たちをとりまく環境はさまざまな位相で彼女たちを周辺化あるいは拘束している。伝統的な性別役割を選択する生き方に一定のメリットはあっても、予期しなかった問題が生じるリスクがいつもあることは事実である。

第二部で詳述したように、女性たちは自身の経験を言語化して、彼女たちの語りを聴く受け手を広げていく努力を積み重ねてきた。言葉にならなかったわだかまりが吹っ切れた、あるいは孤独をのりこえてほかの女性たちとつながることができた、という女性たちの声の連鎖に筆者は感銘を受けたのである。宗派性の強い日本の伝統仏教界にあって、女性たちが被抑圧者としての当事者意識を共有し、異議申し立ての声をあげるまでになった意義は大きい。しかしその後も、曹洞宗では寺族の定義づけに関する宗憲改正の議論は足踏み状態が続き、真宗大谷派でも女性たちが要望する制度改革案は、教団の男性中心主義の壁に阻まれている。女性司祭や女性住職など、それまで女性に対して閉ざされていた可能性が女性に開かれた後、教団を改革する強い意思をもつ運動がかえって沈滞することはまれではない。資格そのものに関しては女性と男性は同等になったが、資格への道は女性たちに本当に開かれているのか。男性や若い世代など、多様な担い手の運動への参入はどうすれば可能になるのか。

教団で起きている問題は世間一般にも共通する事象である。仏教教団内の議論が、どのように一般社会のジェンダー平等運動と連携していけるかは、今後の重要課題である。

本書で繰り返し使った、ジェンダー宗教学という言葉は、宗教学の中に「分派」を立ち上げることを意味しない。第一章でも述べたように、ジェンダー宗教学は、英語圏で知られる Feminist Studies in Religion に呼応する命名であり、欧米の Feminist Anthropology が日本ではジェンダー人類学として流通しているのと同じように理解されたい。一九八五年にアメリカで創刊された *Journal of Feminist Studies in Religion* （筆者も国際編集委員のひとりである）のほかにも、ジェンダーと宗教に特化した電子ジャーナルやウェブ上のフォーラムが欧米では複数存在している。つまり欧米のように、ジェンダーが、存在して当然の学問的視点あるいは問題関心であると日本の宗教研究でも認められていくことが重要なのである。したがって、ジェンダーを「女性の問題」として「ゲットー化」する意図はまったくない。宗教のポジティヴな可能性のひとつが社会問題の修正に寄与することであるならば、性による抑圧や差別の是正は宗教が関与すべき活動である。この意味で、「社会参加」あるいは「社会問題に貢献する仏教」からジェンダーの視点が抜け落ちていることがいかに理不尽であるかわかるといえよう。社会正義の実現のために行動する仏教の重要性を長年説いてきたある思想家が、日本の社会参加仏教はいわば「毒」を抜かれて安全地帯に入った状況にある、と批判的な発言を述べるのを聞いたことがある。このとき筆者はなるほど、と思ったが、この結果のひとつが、ジェンダーの視座からの批判の欠如といえるのではないか。教団の女性たちの声に耳を傾けるには、まず男性僧侶たちが自身のあり方に内省的になり、自らが享受してきたさまざまな特権を自覚したうえでそれらを自発的に「学び捨て去る」ことが必要となる。これは、寺を妻たちに押しつけておいて、寺を抜け出して社会問題を語る行為のあやうさが省みられなくてはいけないということでもある。もちろん、他者の犠牲の上に成り立つ構造は、男性と女性の間のみにみられるわけではなく、たとえば寺族の女性は、尼僧のような、さらに周辺化された人々が教団に存在する事実に目を開いていなければならないであろう。

第二章で、「まなざされ」「表象される」ことの痛みと、「まなざし」「表象すること」の暴力性について述べた。自分もまた「まなざされ」表象の客体となるひとりの「ネイティヴ」である、という想像力を欠く研究者は、案外多いのではないか。しかしこのような自己の状況に関する無自覚さは、他者を表象し語る行為に含まれる搾取や差別の構造をも見えなくしてしまうであろう。それゆえ、西洋社会で培われた「ネイティヴ宗教学者」としての自己のアイデンティティは、筆者にとって大切な意味をもっている。

筆者の学問上のメンターは、日本の学会にはいない。学問的な恩恵と影響を受けた師をあげるとすれば、上智大学のピエール・デルカンパーナ神父、聖公会司祭であったヴィクター・プレラー、プリンストン大学教授、メアリ・ダグラス、プリンストン大学客員教授の三人である。デルカンパーナ先生からはシカゴ大学経由の宗教学を、プレラー先生からはクリフォード・ギアツの読み方をはじめとする解釈学を、ダグラス先生からはフェミニスト人類学を学んだ。残念ながら、いずれもみな故人である。

この本の執筆にあたっては、多くの方々に多方面にわたりお世話になった。アメリカから日本の学会にパラシュートしてきたかのような筆者の研究活動の場を広げてくださった、三人の人類学者にお礼を述べたい。『ジェンダーで学ぶ宗教学』の共同編集者の田中雅一氏、国立民族学博物館の共同研究「海外における人類学的日本研究の総合的分析」代表の桑山敬己氏、そして叢書「文化研究」の一冊であった前著を出版する際、人文書院との縁を取り結んでくださった太田好信氏である。また、本書の草稿の一部とその元になった筆者の二〇一一年の論文を丁寧に読みこんでコメントしてくださった、黒木雅子氏、小松加代子氏、小林奈央子氏、香山洋人氏には、大変感謝している。加えて、カナダから日本のジェンダー宗教研究にエールを送り続ける、カルガリー大学のモーニー・ジョイ Morny Joy 教授にもお礼述べたい。

さらに、曹洞宗教団にあって、筆者に暖かい言葉をかけてくださる駒澤大学名誉教授の田上太秀先生と、鶴見大学名誉教授の角家文雄先生には常々感謝していることをお伝えしたい。同様に、筆者とネットワークの女性たちの活動に協力してくださる、浄土真宗本願寺派の池田行信氏と孝道教団統理の岡野正純氏にも、お礼を述べさせていただく。

いつものことながら、「女性と仏教　東海・関東ネットワーク」の友人たちには本当にお世話になり、心から感謝している。真宗大谷派の尾畑潤子氏と藤場芳子氏からは、真宗の女性に関する記述について、重要な指摘と洞察に富むコメントをたびたびいただいた。また、関東ネットワークの枝木美香氏と瀬野美佐氏、そして第二部でお名前をあげた曹洞宗の友人たちからは、数々のインスピレーションと貴重な学びをいただいた。しかし、本書の記述にもし誤りがあれば、それはすべて筆者の責任である。

なによりも、本書の完成は優秀な（猫好きの）編集者である人文書院の伊藤桃子氏の尽力なしにはありえなかった。心からのお礼の言葉を述べさせていただきたい。

語ることを困難にする構造の中で、優れた能力をもちながらその声を充分に届けることができないまま、この世を去っていった女性仏教者たちがいる。そのひとりの曹洞宗のある尼僧が、筆者に、「仏教教団は学問を重んじるところです。研究者として恥じることのない発言をしていけば大丈夫」と生前伝えてくれた。彼女の言葉に励まされながら、筆者はこの本を書いたつもりである。

なお、本書は名古屋工業大学の学長特別研究助成金の一部を使った成果であることを付記しておく。

二〇一二年　晩夏

川橋範子

参考文献

秋月佳光

二〇一一　「続『寺族の風景』並子の場合」，女性と仏教 東海・関東ネットワーク編『新・仏教とジェンダー――女性たちの挑戦』梨の木舎.

アームストロング，カレン

一九九六　『キリスト教とセックス戦争――西洋における女性観念の構造』高尾利数訳，柏書房.

アリオーネ，ツルティム

一九九二　『智慧の女たち――チベット女性覚者の評伝』三浦順子訳，春秋社.

粟谷良道

二〇一〇　「曹洞宗における『寺族問題』について」『宗学研究紀要』23号.

二〇一一　「曹洞宗における『寺族問題』について（続）」『宗学研究紀要』24号.

二〇一二　「曹洞宗における『寺族問題』について（三）」『宗学研究紀要』25号.

飯國有佳子

二〇〇九　「フェミニズムと宗教の陥穽――上ビルマ村落における女性の宗教的実践の事例から」『国立民族学博物館研究報告』34巻１号.

飯島恵道

二〇一〇　「信州まつもと尼寺目線」『春秋』521号.

二〇一一　「尼僧として地域社会とつながる」，女性と仏教 東海・関東ネットワーク編『新・仏教とジェンダー――女性たちの挑戦』梨の木舎.

池田行信

二〇〇二　『真宗教団の思想と行動（増補新版）』法蔵館.

二〇一一　「パネルディスカッション」，女性と仏教 東海・関東ネットワーク編『新・仏教とジェンダー――女性たちの挑戦』梨の木舎.

二〇一二　『現代真宗教団論』法蔵館.

石川力山

一九九〇　「道元の〈女身不成仏論〉について――十二巻本『正法眼蔵』の性格をめぐる覚書」『駒澤大学禅研究所年報』創刊号.

磯前順一

二〇〇六　「序論　宗教研究とポストコロニアル状況」，磯前順一，タラル・アサド編『宗教を語りなおす――近代的カテゴリーの再考』みすず書房.

イダ・ヒロユキ

二〇〇五　「『フェミ嫌い』の論理あるいは気分，無意識に対する私の語り方」『季報　唯物論研究』93号

井上順孝

二〇〇四　「現代宗教時代最前線の深層（７）」『寺門興隆』7月号

今枝由郎

二〇〇五　『ブータン仏教から見た日本仏教』NHK ブックス.

岩本明美

二〇〇八　「仏教比丘尼戒復興運動と2007年ハンブルグ国際会議」『南山宗教文化研究所　研究所報』18号.
二〇一〇　「アメリカ禅の誕生――ローリー大道老師のマウンテン禅院」『東アジア文化交渉研究』別冊第6号.
ウィンター，M・T，A・ルミス，A・ストークス編
二〇〇九　『わたしの居場所はどこ？――主体的信仰を求める女性たちの声』一色義子ほか監訳，教文館.
植木雅俊
二〇〇四　『仏教のなかの男女観――原始仏教から法華経に至るジェンダー平等の思想』岩波書店.
二〇〇五　『釈尊と日蓮の女性観』論創社.
上野千鶴子
二〇〇二　『差異の政治学』岩波書店.
二〇一一　『不惑のフェミニズム』岩波書店.
羽向貴久子
一九九九　「寺に生きる女の居場所と制度――親鸞の妻と娘は何と見る」，女性と仏教 東海・関東ネットワーク編『仏教とジェンダー――女たちの如是我聞』朱鷺書房.
宇田川妙子
二〇〇三　「ジェンダーの人類学――その限界から新たな展開に向けて」，綾部恒雄編『文化人類学のフロンティア』ミネルヴァ書房.
宇田川妙子，中谷文美編
二〇〇七　『ジェンダー人類学を読む――地域別・テーマ別基本文献レビュー』世界思想社.
内野久美子
一九八二　「近代仏教における女性宗教者――曹洞宗における尼僧と寺族の地位向上」『宗教研究』253号.
遠藤一
二〇〇七　『中世日本の仏教とジェンダー――真宗教団・肉食夫帯の坊守史論』明石書店.
太田好信
二〇〇三　「批判人類学の系譜」，ジェイムズ・クリフォード『文化の窮状――二十世紀の民族誌，文学，芸術』太田好信ほか訳，人文書院.
二〇〇八　『亡霊としての歴史――憑依と驚きから文化人類学を考える』人文書院.
二〇〇九　『増補版　民族誌的近代への介入――文化を語る権利は誰にあるのか』人文書院.
二〇一〇　『増補版　トランスポジションの思想――文化人類学の再想像』世界思想社.
太田好信，冨山一郎，清水昭俊
一九九八　「鼎談　文化人類学の可能性」『現代思想』26巻7号.
大畑裕嗣ほか編
二〇〇四　『社会運動の社会学』有斐閣.

岡田浩樹
二〇〇二 「韓国仏教の屈折と蛇行」，山路勝彦，田中雅一編『植民地主義と人類学』関西学院大学出版会.
岡野治子
二〇〇三 「フェミニスト神学の視点から社会倫理を再考する」，湯浅泰雄監修『スピリチュアリティの現在——宗教・倫理・心理の観点』人文書院.
小川さくえ
二〇〇七 『オリエンタリズムとジェンダー——「蝶々夫人」の系譜』法政大学出版局.
尾畑潤子
二〇〇四 a 「真宗大谷派における『坊守問題』について——勝手に総集編」，女性と仏教 東海・関東ネットワーク編『ジェンダーイコールな仏教をめざして——続女たちの如是我聞』朱鷺書房.
二〇〇四 b 「『とも同行』の原点に立ち返る」，女性と仏教 東海・関東ネットワーク編『ジェンダーイコールな仏教をめざして——続女たちの如是我聞』朱鷺書房.
二〇〇八 「新しく『経典』に出会う——私たちの試みから」『日本フェミニスト神学・宣教センター通信』53号.
勝本華蓮
二〇一二 『尼さんはつらいよ』新潮新書.
加藤恵津子
二〇〇六 「日本人—ネイティヴ人類学徒—劣等感も選良意識も超えた自文化研究に向けて」『文化人類学』71巻２号.
二〇一〇 「自文化を書く——だが，誰のために？」，山本真弓編『文化と政治の翻訳学——異文化研究と翻訳の可能性』明石書店.
香山洋人
二〇一〇 「『あなたはどこにいるのか』——神学における立ち位置をめぐって」『キリスト教学』52号.
川島慶子
二〇〇九 「シリーズ18世紀の科学の諸相　ラヴワジェ夫人研究の変遷に見るジェンダー問題」『化学史研究』36巻４号.
川並宏子
二〇〇七 「仏教」，田中雅一，川橋範子編『ジェンダーで学ぶ宗教学』世界思想社.
川並宏子，川橋範子，馬島浄圭
二〇〇九 「対談　仏教を開くアジアの女性たち」『現代宗教 2009』秋山書店.
川橋範子
一九九五 「書評：J. I. Cabezon, ed., Buddhism, Sexuality, and Gender. Anne C. Klein, Meeting the Great Bliss Queen」『宗教研究』305号.
一九九七 「フェミニストエスノグラフィーの限界と可能性——女による女についての女のための民族誌？」『社会人類学年報』23号.
一九九八 「『ウエスタン・ブディズム』の政治学」『創文』397号.
二〇〇〇 「ポストコロニアル状況における宗教とジェンダーの語り」『地域研究論

集』3巻2号.
二〇〇三　「『他者』としての『日本女性』——欧米の『水子供養言説』批判」『民族学研究』68巻3号.
二〇〇四a　「フェミニズムと宗教」，池上良正ほか編『岩波講座　宗教9　宗教の挑戦』岩波書店.
二〇〇四b　「現代の『戒律』と寺族の居場所」，多田孝文，末木文美士編『現代戒想——出家と在家のはざまで』仏教タイムス社.
二〇〇四c　「他者としての日本女性像をめぐって」『比較日本文化研究』8号.
二〇〇七a　「論点　視点①宗門における男女共同参画推進のために」『全仏』525号.
二〇〇七b　「ポストコロニアリズム・フェミニズム・宗教」，宇田川妙子，中谷文美編『ジェンダー人類学を読む——地域別・テーマ別基本文献レヴュー』世界思想社.
二〇〇九　「描かれる日本人女性」，日本文化人類学会編『文化人類学大事典』丸善株式会社.
二〇一〇a　「宗教とフェミニズム——二律背反から開かれた関係へ」，東海ジェンダー研究所編『ジェンダー平等の今——21世紀への課題』明石書店.
二〇一〇b　「宗教とジェンダーのかかわりから見えてくる共生の問題」東洋大学共生思想研究センター編『共生思想研究年報 2009』東洋大学共生思想研究センター.
二〇一一　「現代日本の仏教とジェンダー——フェミニスト仏教は開花するか？」，末木文美士編『新アジア仏教史15　日本V　現代仏教の可能性』佼成出版社.
川橋範子，枝木美香
二〇〇九　「『ジェンダーイコールな仏教をめざして』に参加して」『仏教タイムス』2009年1月1日付.
川橋範子，黒木雅子
二〇〇四　『混在するめぐみ——ポストコロニアル時代の宗教とフェミニズム』人文書院.
川橋範子，田中雅一
二〇〇七　「ジェンダーで学ぶ宗教学とは？」，田中雅一，川橋範子編『ジェンダーで学ぶ宗教学』世界思想社.
川又俊則
二〇〇六　「キリスト教会を継ぐ者の語り——〈牧師夫人〉の母から娘へ」川又俊則，寺田喜朗，武井順介編『ライフヒストリーの宗教社会学——紡がれる信仰と人生』ハーベスト社.
神作喜代乃
二〇〇二　「寺族は何を学ぶのか」『教化研修』46号.
二〇一一　「我が愛する曹洞宗のために」，女性と仏教 東海・関東ネットワーク編『新・仏教とジェンダー——女性たちの挑戦』梨の木舎.
カン・ナムスン
二〇〇六　「韓国脱植民地主義フェミニスト神学——その言説的意味と課題」香山

洋人訳『神学思想』132号.
北川規美子
二〇〇三 「日本聖公会のジェンダーと女性の司祭按手問題」，山下明子編『信仰とジェンダー――日本の文化と宗教のなかで神学する』キリスト教女性センター.
絹川久子
一九八七 『聖書のフェミニズム――女性の自立を目指して』ヨルダン社.
木村清孝
二〇〇七 「日本の仏教研究の現状と課題」『全仏』534号.
窪田和美
二〇〇六 「真宗寺院における住職と坊守の役割」『龍谷大学論集』468号.
黒木雅子
二〇〇七 「ポストコロニアル」，田中雅一，川橋範子編『ジェンダーで学ぶ宗教学』世界思想社.
二〇〇九 「ジェンダーイコールな仏教を考える」『アーユス』85巻.
桑山敬己
二〇〇一 「ネイティヴの人類学の最前線」『社会人類学年報』27号.
二〇〇八 『ネイティヴの人類学と民俗学――知の世界システムと日本』弘文堂.
二〇〇九 「ネイティヴの人類学」，日本文化人類学会編『文化人類学事典』丸善株式会社.
現代寺院問題研究会　財団法人 禅文化研究所編
二〇〇二 『寺院現況調査報告書 3　寺に生きる女性の立場』現代寺院問題研究会 財団法人 禅文化研究所.
国際宗教研究所
二〇〇九 「インタビュー　曹洞宗総合研究センターの活動について」『国際宗教研究所ニュースレター』63号.
小松加代子
二〇〇五 「宗教とフェミニズム・ジェンダー研究」『湘南国際女子短期大学紀要』12号.
二〇一一 「アカデミアにおける男女共同参画の進捗をはばむのは何か」『多摩大学グローバルスタディーズ学部紀要』 3 号.
サイード，エドワード
一九八六 『オリエンタリズム』板垣雄三・杉田英明監修，今沢紀子訳，平凡社.
酒井直樹
一九九八 「カルチュラル・スタディーズの現在」，伊豫谷登士翁，酒井直樹，テッサ・モリス＝スズキ編『グローバリゼーションのなかのアジア――カルチュラル・スタディーズの現在』未来社.
二〇〇一 「共感の共同体と空想の実践系」『現代思想』29巻 9 号.
佐々木閑
一九九九 『出家とはなにか』大蔵出版.
サターアナン，スワンナー
二〇〇八 「タイ仏教における流動的な境界・制度的隔離・性的寛容」，島薗進，へ

リー・テル＝ハール，鶴岡賀雄編『宗教——相克と平和（国際宗教学宗教史会議東京大会（IAHR 2005）の討議）』秋山書店.
島薗進
二〇〇八「日本仏教実践思想論 (5)」『寺門興隆』6月号.
下田正弘
二〇〇二「生活世界の復権」『宗教研究』333号.
二〇〇九「伝承といういとなみ——実践仏教の解釈学」『親鸞教学』93号.
シュスラー・フィオレンツァ，エリザベス
二〇〇二「正典の境界線を越えて」，エリザベス・シュスラー・フィオレンツァ編『フェミニスト聖書注解——聖典の探索へ』絹川久子・山口里子監訳，日本キリスト教団出版局.
二〇〇九「変革への霊性運動か？」，M・T・ウィンター，A・スミス，A・ストークス編『わたしの居場所はどこ？——主体的信仰を求める女性たちの声』一色義子ほか監訳，教文館.
女性と仏教 東海・関東ネットワーク編
一九九九『仏教とジェンダー——女たちの如是我聞』朱鷺書房.
二〇〇四『ジェンダーイコールな仏教をめざして——続女たちの如是我聞』朱鷺書房.
二〇一一『新・仏教とジェンダー——女性たちの挑戦』梨の木舎.
末木文美士
二〇〇四「教典に見る女性」『国文学解釈と鑑賞』69巻6号.
末木文美士，松尾剛次
二〇〇六「対論　日本人にとって〈戒〉とは何か」，松尾剛次編『思想の身体　戒の巻』春秋社.
鈴木崇巨
二〇〇二『牧師の仕事』教文館.
砂川秀樹
一九九九「日本のゲイ／レズビアン　スタディーズ」『Queer Japan（クィア・ジャパン)』（1巻）勁草書房.
スマナサーラ，アルボムッレ
二〇一一「ブッダが語る『男性とは？　女性とは？』」『Samgha Japan（サンガジャパン)』4巻，サンガ.
瀬野美佐
二〇〇四「寺を追放される女たち」，女性と仏教 東海・関東ネットワーク編『ジェンダーイコールな仏教をめざして——続・女たちの如是我聞』朱鷺書房.
二〇一〇「寺族ぎらひ」女性と仏教 関東ネットワーク編『女たちの如是我聞』10号.
二〇一一「寺族問題というパフォーマンス」『曹洞宗総合研究センター学術大会紀要（第12回)』.
曹洞宗九州管区寺族会連絡協議会
二〇〇二『寺族手帳「みち」』九州管区寺族会事務局.

曹洞宗宗務庁
二〇〇八 『曹洞宗宗勢総合調査報告書2005（平成17）年』曹洞宗宗務庁.
二〇〇九 『寺族研修』30号，曹洞宗宗務庁.
二〇一一 『寺族必携――お寺で暮らすすべての人のために』曹洞宗宗務庁.
曹洞宗総合研究センター編
二〇〇八 『僧侶　その役割と課題』曹洞宗総合研究センター.
平雅行
二〇〇一 『親鸞とその時代』法蔵館.
台湾女性史入門編纂委員会編
二〇〇八 『台湾女性史入門』人文書院.
ダーウィン，リア・マラシガン
二〇〇九 『はい，私は牧師夫人』山下章子訳，いのちのことば社.
田上太秀
二〇〇四 『仏教と女性――インド仏典が語る』東京書籍.
二〇一〇 『仏典のことば――さとりへの十二講』講談社.
竹信三恵子
二〇一〇 『女性を活用する国，しない国』岩波ブックレット.
竹村和子
二〇一〇 「総論　思想の力／文化の流通」『ジェンダー史叢書3　思想と文化』明石書店.
多田孝文，末木文美士編
二〇〇四 『現代戒想――出家と在家のはざまで』仏教タイムス社.
田中，ケネス（ケネス，タナカ）
二〇〇九 「アメリカ仏教の人気のリアリティー」，渡邊直樹編『宗教と現代がわかる本 2009』平凡社.
二〇一〇 『アメリカ仏教――仏教も変わる，アメリカも変わる』武蔵野大学出版会.
田中雅一
二〇〇八 「流動的な境界，制度的隔離，性的寛容――応答②」，島薗進，ヘリー・テル＝ハール，鶴岡賀雄編『宗教――相克と平和（国際宗教学宗教史会議東京大会（IAHR 2005）の討議）』秋山書店.
二〇〇九 「宗教学は誘惑する」『宗教研究』359号.
田中雅一，川橋範子編
二〇〇七 『ジェンダーで学ぶ宗教学』世界思想社.
谷川穣
二〇一一 「明治維新と仏教」，末木文美士編『新アジア仏教史14　日本Ⅳ　近代国家と仏教』佼成出版社.
旦保立子
二〇一一 「真宗における坊守の存在――課題と未来」女性と仏教 東海・関東ネットワーク編『新・仏教とジェンダー――女性たちの挑戦』梨の木舎.
周蕾（チョウ，レイ）
一九九八 『ディアスポラの知識人』本橋哲也訳　青土社.

チョン・ヒョンギョン
二〇〇七 『再び太陽となるために――アジアの女性たちの神学』山下慶親ほか訳,日本キリスト教団出版局.
陳文玲
二〇一二 「台湾における仏教の実践――釈昭慧の社会参加運動を例に」『金沢大学文化資源学研究』2号.
土屋慶史
二〇一一 「彼女たちの居場所――お寺でひらかれる女性たちの試み」,女性と仏教東海・関東ネットワーク編『新・仏教とジェンダー――女性たちの挑戦』梨の木舎.
テイラー,チャールズ
二〇〇七 「承認をめぐる政治」,A・ガットマン編『マルチカルチュラリズム』佐々木毅ほか訳,岩波書店.
トノムラ・ヒトミ
一九九四 「肉体と欲望の経路――『今昔物語集』にみる女と男」,脇田晴子,S・B・ハンレー編『ジェンダーの日本史 上――宗教と民族・身体と性愛』東京大学出版会.
長島世津子
二〇一一 「カトリック教会における女性司祭の叙階をめぐって」『日本フェミニスト神学・宣教センター通信』76号.
永島慧子
二〇一〇 「能化・所化の世界で」『曹洞宗総合研究センター学術大会紀要(第11回)』.
中谷文美
二〇〇一 「〈文化〉?〈女〉?――民族誌をめぐる本質主義と構築主義」,上野千鶴子編『構築主義とは何か』勁草書房.
中西正司,上野千鶴子
二〇〇三 『当事者主権』岩波新書.
中野優信(優子)
一九九五a 「曹洞宗における『寺族』問題と世襲制」『教化研修』38号.
一九九五b 「道元の女性観(二)――道元の『女人成仏』観」『曹洞宗宗学研究所紀要』9号.
一九九六 「教団からの発言」,国際宗教研究所編『女性と教団――日本宗教のオモテとウラ』ハーベスト社.
中村生雄
二〇一一 『肉食妻帯考――日本仏教の発生』青土社.
奈良康明
二〇一一 「現代における出家性(四)」『傘松』2月号.
奈良康明,山崎龍明
二〇〇九 『なぜいま「仏教」なのか――現代仏教のゆくえ』春秋社.
ナーラーヤン,ウマ
二〇一〇 『文化を転位させる――アイデンティティ・伝統・第三世界フェミニズ

ム』塩原良和監訳，法政大学出版局.
西城戸誠
二〇〇八　『抗いの条件——社会運動の文化的アプローチ』人文書院.
新田啓子
二〇〇三　「性幻想の地政学——人身売買の言説をめぐって」『現代思想』31巻1号.
西口順子
二〇〇六　『中世の女性と仏教』法蔵館.
ニューサム，キャロル，A・シャロン，H・リンジほか編
一九九八　『女性たちの聖書注解——女性の視点で読む旧約・新約・外典の世界』加藤明子ほか訳，荒井章三・山内一郎監修，新教出版社.
沼崎一郎
二〇一二　「『世を捨てる』男たちは『男らしい』？（その1）」『We』177号.
ネルケ無方
二〇一一　『迷える者の禅修行——ドイツ人住職が見た日本仏教』新潮新書.
二〇一二　『裸の坊様——異文化に切磋琢磨される禅プラクティス』サンガ.
林淳
二〇一二　「普通教育と日本仏教の近代化」，末木文美士編『近代と仏教——国際シンポジウム第41集』国際日本文化研究センター.
速水洋子
二〇〇六　「序に代えて」『文化人類学』70巻4号.
二〇〇九　『差異とつながりの民族誌——北タイ山地カレン社会の民族とジェンダー』世界思想社.
原田正俊
一九九七　「女人と禅宗」，西口順子編『仏と女』吉川弘文館.
バーガー，L・ピーター
二〇〇九　『現代人はキリスト教を信じられるか——懐疑と信仰のはざまで』森本あんり・篠原和子訳，教文館.
フェミニズム・宗教・平和の会
二〇〇二　『Woman Spirit』34号.
藤田結子
二〇〇八　『文化移民——越境する日本の若者とメディア』新曜社.
藤場芳子
二〇一一　「なぜ，今，『ジェンダーかるた』なのか」，女性と仏教 東海・関東ネットワーク編『新・仏教とジェンダー——女性たちの挑戦』梨の木舎.
ホロウェイ，R編
一九九五　『教会の性差別と男性の責任——フェミニズムを必要としているのは誰か』小野功生・中田元子訳，新教出版社.
前田專學
一九九九　『ブッダを語る』NHKライブラリー.
マクガイア，メレディス・B
二〇〇八　『宗教社会学——宗教と社会のダイナミックス』山中弘ほか訳，明石書店.

松浦由美子
二〇〇六 「追悼する『母』たち――胎児とフェミニズムの行方」『女性学』14巻.
松尾剛次
二〇〇八 『破戒と男色の仏教史』平凡社.
丸山劫外
二〇一〇 「了然尼考(1)「示了然道者法語」をめぐって」『曹洞宗総合研究センター学術大会紀要(11)』23号.
三木メイ
二〇〇三 「女性司祭否認論における家父長制的価値観の絶対化」『キリスト教論叢』34号.
水村美苗
二〇〇八 『日本語が亡びるとき』筑摩書房.
源淳子
二〇〇六 「仏教のなかの女性差別」『現代の理論』7巻(2006年春号).
二〇一一 「仏教と『女人禁制』」『現代の「女人禁制」』解放出版社.
嶺崎寛子
二〇〇七 「イスラーム世界のジェンダーに関する研究――日本の現状と展望」『ジェンダー研究』10号.
二〇〇九 「イスラーム言説にみるジェンダー戦略と権威――現代エジプトの女性説教師を事例にして」『ジェンダー研究』12号.
蓑輪顕量
二〇〇六 「仏教は結婚をどのようなものとして考えるか」『平和と宗教』25号.
宮地清彦
二〇〇八 「近代における変容」,曹洞宗総合研究センター編『僧侶　その役割と課題』曹洞宗総合研究センター.
宮地尚子
二〇〇七 『環状島＝トラウマの地政学』みすず書房.
山内舜雄
一九九〇 『曹洞宗における在家宗学の提唱』大蔵出版.
二〇〇九 『道元禅の近代化過程(続)――忽滑谷快天の禅学とその思想〈駒澤大学建学史〉』慶友社.
山口里子
二〇〇七 「キリスト教」,田中雅一,川橋範子編『ジェンダーで学ぶ宗教学』世界思想社.
山根純佳
二〇一〇 『なぜ女性はケア労働をするのか――性別分業の再生産を超えて』勁草書房.
山本真鳥
二〇〇六 「序――ネイティヴ人類学の射程」『文化人類学』71巻2号.
李孝徳
二〇〇九 「訳者解説――日本の人種主義を見すえて」,ジョージ・M・フレドリクソン『人種主義の歴史』李孝徳訳,みすず書房.

ルーシュ，バーバラ
一九九一 『もう一つの中世像――比丘尼・御伽草子・来世』思文閣出版.
ルーンバ，アーニア
二〇〇一 『ポストコロニアル理論入門』吉原ゆかり訳，松柏社.
ワインガーズ，ジョン
二〇〇五 『女性はなぜ司祭になれないのか――カトリック教会における女性の人権』伊従直子訳，明石書房.

釈昭慧，釈性黄
二〇〇一 『千載沈吟』台北：法界出版社.

Abu-Lughod, Lila
1991 Writing Against Culture. In Richard G. Fox (ed.) *Recapturing Anthropology: Working in the Present.* School of American Research Advanced Seminar Series. Santa Fe, NM: University of Washington Press.
1993 *Writing Women's World; Bedouin Stories.* Berkeley: University of California Press.
2002 Do Muslim Women Really Need Saving? *American Anthropologist* 104(3).
Arai, Paula K. Robinson
1999 *Women Living Zen: Japanese Sōtō Buddhist Nuns.* New York: Oxford University Press.
Barlas, Asma
2002 *"Believing Women" in Islam: Unreading Patriarchal Interpretations of the Qur'ān.* Austin: University of Texas Press.
Bloom, Leslie R.
1998 Under the Sign of Hope: Feminist Methodology and Narrative Interpretation. Albany: State University of New York Press.
Brettell, Caroline B., ed.
1993 *When They Read What We Write: The Politics of Ethnography.* Westport, CO: Bergin & Garvey.
Bulbeck, Chilla
1998 *Re-Orienting Western Feminisms: Women's Diversity in a Postcolonial World.* Cambridge: Cambridge University Press.
Cabezón, José Ignacio, ed.
1992 *Buddhism, Sexuality, and Gender.* Albany: State University of New York Press.
Carr, Anne E.
1988 *Transforming Grace: Christian Tradition and Women's Experience.* San Francisco: Harper & Row.
Castelli, Elisabeth A. ed.
2001 *Women, Gender, Religion: A Reader.* New York: Palgrave.
Cheng, Wei-Yi

2007 *Buddhist Nuns in Taiwan and Sri Lanka: A Critique of the Feminist Perspective*. London Abingdon and New York: Routledge.

Chilson, Clark

2012 Searching for a Place to Sit: Buddhists in Modern Japan. In David Mcmahan (ed.) *Buddhism in the Modern World*. London and New York: Routledge.

Christ, Carol P.

1987 Toward a Paradigm Shift in the Academy and in Religious Studies. In Christie Farnham (ed.) *The Impact of Feminist Research in the Academy*. Bloomington: Indiana University Press.

2004 Whose History Are We Writing? *Journal of Feminist Studies in Religion* 20(2).

Collett, Alice

2006 Buddhism and Gender: Reframing and Refocusing the Debate. *Journal of Feminist Studies in Religion* 22(2).

Covell, Stephen G.

2005 *Japanese Temple Buddhism: Worldliness in a Religion of Renunciation*. Honolulu: University of Hawaii Press.

DeVide, Elise A.

2010 *Taiwan's Buddhist Nuns*. Albany: State University of New York Press.

Dharma, Karuna

2006 Daughters of the Buddha. *Tricycle*, Winter.

Dresser, Marianne, ed.

1996 *Buddhist Women on the Edge: Contemporary Perspectives from the Western Frontier*. Berkeley: North Atlantic Books.

Enslin, Elisabeth

1994 Beyond Writing: Feminist Practice and the Limitations of Ethnography. *Cultural Authropolosy* 9(4).

Findly, Ellison B., ed.

2000 *Women's Buddhism, Buddhism's Women: Tradition, Revision, Renewal*. Somerville, MA: Wisdom Publications.

Gordon, Deborah A.

1995 Border Work: Feminist Ethnography and the Dissemination of Literacy. In Ruth Behar and Deborah A. Gordon (eds.) *Women Writing Culture*. Berkeley: University of California Press.

Gross, Rita

1993 *Buddhism After Patriarchy: A Feminist History, Analysis, and Reconstruction of Buddhism*. Albany: State University of New York Press.

Hardacre, Helen

1993 The Impact of Fundamentalisms on Women, the Family, and Interpersonal Relations. In Martin E. Marty and R. Scott Appleby (eds.) *Fundamentalisms and Society: Reclaiming the Sciences, the Family and Education*. Chicago:

University of Chicago Press.
1994 Japanese New Religions: Profiles in Gender. In John Stratton Hawley (ed.) *Fundamentalism and Gender.* New York: Oxford University Press.
1997 *Marketing the Menacing Fetus in Japan.* Berkeley: University of California Press.
2003 Fieldwork with Japanese New Religious Groups. In Theodore C. Bestor, Patricia G. Steinhoff and Victoria L. Bestor (eds.) *Doing Fieldwork in Japan.* Honolulu: University of Hawaii Press.

Hawthorne, Sian
2005 Feminism: Feminism, Gender Studies, and Religion.In Lindsay Jones (ed.) *Encyclopedia of Religion, 2nd ed., vol. 5.* Detroit: Macmillan Reference USA.

Heidegger, Simone
2010 Shin Buddhism and Gender: The discourse on Gender Discrimination and Related Reforms. In Hugo Dessì (ed.) *The Social Dimension of Shin Buddhism.* Leiden and Boston: Brill.

Horner, I. B.
1930 *Women Under Primitive Buddhism: Laywomen and Almswomen.* London: George Routledge and Sons.

Jacobs-Huey, Lanita
2002 The Natives are Gazing and Talking Back: Reviewing the Problematics of Positionality, Voice, and Accountability among "Native" Anthropologists. *American Anthropologist* 104(3).

Jaffe, Richard
2001 *Neither Monk nor Layman: Clerical Marriage in Modern Japanese Buddhism.* Princeton, NJ: Princeton University Press.

Joy, Morny
2006 Gender and Religion: A Volatile Mixture. *Temenos* 42(1).

Juschka, Darlene M., ed.
2001 Feminism in the Study of Religion: A Reader. London: Continuum.

Kang, Namsoon
2012 Transethnic Feminist Theology of Asia: Globalization, Identities, and Solidarities. In Mary Fulkerson and Sheila Briggs (eds.) *The Oxford Handbook of Feminist Theology.* Oxford: Oxford University Press.

Kato, Etsuko
2007 The Sad Marriage of Anthropology, Neo-colonialism and Feminism: Or Why Japanese Sexual Behavior Is Always Intriguing. *Asian Anthropology* 6.

Kawahashi, Noriko
1994 Book Review: R. Gross, Buddhism after Patriarchy. *Japanese Journal of Religious Studies* 21(4).
1995 *Jizoku* (Priests' Wives) in Sōtō Zen Buddhism: An Ambiguous Category.

Japanese Journal of Religious Studies 22.
2003 Feminist Buddhism as Praxis: Women in Traditional Buddhism. *Japanese Journal of Religious Studies* 30(3-4).
2005 Gender and Religion: Gender and Japanese Religions. In Lindsay Jones (ed.) *Encyclopedia of Religion, 2nd ed., vol. 5*. Detroit: Macmillan Reference USA.

Kelsky, Karen
2002 *Women on the Verge: Japanese Women, Western Dreams*. Durham: Duke University Press.

Khan, Shihnag
2005 Reconfiguring the Native Informant: Positionality in the Global Age. *Signs* 30(4).

King, Ursula
1993 *Women and Spirituality: Voices of Protest and Promise, 2nd ed.* University Park, PA: Pennsylvania State University Press.
1995 Introduction: Gender and the Study of Religion. In Ursula King (ed.) *Religion and Gender*. Oxford: Blackwell.
2002 Christianity and Feminism: Do They Need Each Other? Anne Spencer Memorial Sermon.
2004 General Introduction: Gender-Critical Turns in the Study of Religion. In Ursula King and Tina Beattie (eds.) *Gender, Religion and Diversity: Cross-Cultural Perspectives*. London: Continuum.
2005 Gender and Religion: An Overview. In Lindsay Jones (ed.) *Encyclopedia of Religion, 2nd ed., vol. 5*. Detroit: Macmillan Reference USA.

Klein, Anne C.
1995 *Meeting the Great Bliss Queen: Buddhists, Feminists, and the Art of the Self*. Boston: Beacon Press.

Kloppenborg, Ria and Hanegraaff, Wouter, eds.
1995 *Female Stereotypes in Religious Traditions*. Leiden and New York: E. J. Brill.

Koppedrayer, Kay
2007 Feminist Applications of Buddhist Thought. *Journal of Feminist Studies in Religion* 23(1).

Kwok Pui-lan
2002 Unbinding Our Feet: Saving Brown Women and Feminist Religious Discourse. In Laura E. Donaldson and Kwok Pui-Lan (eds.) *Postcolonialism, Feminism and Religious Discourse*. New York: Routledge.

Lancaster, Sarah H.
2002 *Women and the Authority of Scripture: A Narrative Approach*. Harrisburg, PA: Trinity Press International.

Levering, Miriam
1982 The Dragon Girl and the Abbess of Mo-shan: Gender and Status in Ch'an

Buddhist Tradition. *Journal of the International Association of Buddhist Studies* 5(1).

Mack, Phyllis
2003 Religion, Feminism, and the Problem of Agency: Reflection on Eighteenth-Century Quakerism. *Signs* 29(1).

Miles, Margaret R.
2000 Becoming Answerable for What We See. *Journal of the American Academy of Religion* 68(3).

Mohanty, Chandra Talpade
2003 "Under Western Eyes", Revisited: Feminist Solidarity through Anticapitalist Struggles. *Signs* 28(2).

Nattier, Jan
1995 Visible and Invisible: Jan Nattier on the Politics of Representation in Buddhist America. *Tricycle*, Fall.

Ong, Aihwa
1995 Women out of China. In Ruth Behar and Deborah A. Gordon (eds.) *Women Writing Culture*. Berkeley: University of California Press.

Pierce, Lori
1996 Outside In: Buddhism in America. In M. Dresser (ed.) *Buddhist Women on the Edge: Contemporary Perspectives from the Western Frontier*. Berkeley: North Atlantic Books.

Prohl, Inken and John Nelson, eds.
2012 *Handbook of Contemporary Japanese Religions*. Leiden and Boston: Brill.

Reader, Ian
2011 Buddhism in Crisis? Institutional Decline in Modern Japan. *Buddhist Studies Review* 28(2).

Reznik, Larisa
2010 Roundtable: Negotiating Feminist and Gender Studies. *Journal of Feminist Studies in Religion* 26(1).

Robertson, Jennifer, ed.
2005 *A Companion to the Anthropology of Japan*. Malden, MA and Oxford: Blackwell.

Seager, Richard H.
2011 Innovative Trends in Euro-American Buddhism. *Dharma World* 38.

Shaw, Miranda
1994 *Passionate Enlightenment: Women in Tantric Buddhism*. Princeton, NJ: Princeton University Press.

Sponberg, Alan
1992 Attitudes toward Women and the Feminine in Early Buddhism. In José Ignacio Cabezón (ed.) *Buddhism, Sexuality, and Gender*. Albany: State University of New York Press.

Stacy, Judith

1988 Can There Be a Feminist Ethnography? *Women's Studies International Forum* 11(1).

Strathern, Marilyn

1987 An Awkward Relationship: The Case of Feminism and Anthropology. *Signs* 12(2).

Tapia, Elizabeth

1989 *The Contribution of Philippine Christian Women to Asian Women's Thedogy*. Ph. D. dissertation, Claremont Graduate School.

Uchino, Kumiko

1987 The Status Elevation Process of Sōtō Sect Nuns in Modern Japan. In Diana Eck and Devaki Jain (eds.) *Speaking of Faith: Cross-cultural Perspectives on Women, Religion, and Social Change*. Philadelphia: New Society Publishers.

Warne, Randy R.

2001 Gender and the Study of Religion. *Method and Theory in the Study of Religion* 13.

Willis, Janice C.

2000 Diversity and Race. In Ellison B. Findly (ed.) *Women's Buddhism, Buddhism's Women: Tradition, Revision, Renewal*. Somerville, MA: Wisdom Publications.

著者紹介

川橋範子（かわはし　のりこ）

1960年東京都生まれ。プリンストン大学大学院博士課程修了。Ph. D.（宗教学）。宗教学，ポストコロニアルフェミニズム。名古屋工業大学大学院准教授。日本宗教学会理事。おもな業績に『混在するめぐみ——ポストコロニアル時代の宗教とフェミニズム』（黒木雅子氏との共著，人文書院，2004年），『ジェンダーイコールな仏教をめざして——続女たちの如是我聞』（女性と仏教東海・関東ネットワーク編，朱鷺書房，2004年），『ジェンダーで学ぶ宗教学』（田中雅一氏との共編著，世界思想社，2007年），『新・仏教とジェンダー——女性たちの挑戦』女性と仏教東海・関東ネットワーク編，梨の木舎，2011年）など。

妻帯仏教の民族誌
ジェンダー宗教学からのアプローチ

2012年10月30日　初版第１刷印刷
2012年11月10日　初版第１刷発行

著　者　川橋範子
発行者　渡辺博史
発行所　人文書院
〒612-8447　京都市伏見区竹田西内畑町９
電話　075-603-1344　振替　01000-8-1103
HP　http://www.jimbunshoin.co.jp

印刷所　㈱冨山房インターナショナル
製本所　坂井製本所

落丁・乱丁本は小社送料負担にてお取替えいたします

ISBN 978-4-409-41079-0 C1015

ジェイムズ・クリフォード／太田好信ほか訳

文化の窮状　二十世紀の民族誌，文学，芸術　6000円

【叢書 文化研究3】「文化」概念の再考を迫った衝撃の名著，待望の完訳。「有機的な一体性をもち，ある土地に根ざした固有の」文化などもはやありえない。根（ルーツ）を絶たれたひとびとにありうべき未来への経路（ルーツ）をひらく。
附：著者インタヴュー「往還する時間」／解説「批判的人類学の系譜」（太田）

川橋範子・黒木雅子

混在するめぐみ　ポストコロニアル時代の宗教とフェミニズム　2300円

【叢書 文化研究4】宗教は「家父長制の道具」にすぎないのか。それとも女性を抑圧から解放する力となるのか。宗教とフェミニズムが交錯する複雑な語りの場にこそ，現代女性の自己再生への鍵がある。フェミニスト・エスノグラフィーをめぐる宗教学と社会学の稀有なコラボレーション。

ジェイムズ・クリフォード／星埜守之訳

人類学の周縁から　対談集　2400円

【叢書 文化研究5】根 roots と経路 routes とのあらゆる戦術的組合せを生きる人びとに，まったく新しい，移動する根づき rooting のイメージを提示する。クリフォード思想の来歴 root & route を明かす五つの対話。「もし私に根がないのなら，なぜ私の根はこんなにも私を傷つけてきたのだろう」

太田好信

亡霊としての歴史　痕跡と驚きから文化人類学を考える　2400円

【叢書 文化研究6】時間の流れに逆らうように，過去の出来事がわたしたちの社会に憑りつくあり様，このいわば「時間の脱節」に着目し，世界に対しつねに驚きをもちつづけるという強い意志から研究対象を描きなおす。人類学再想像のための「私的リーディング・ガイド」を伏す。

藤原潤子

呪われたナターシャ　現代ロシアにおける呪術の民族誌　2800円

一九九一年のソ連崩壊以降，ロシアでは呪術やオカルトへの興味が高まった。本書は，三代にわたる「呪い」に苦しむひとりの女性の語りを出発点として，呪術など信じていなかった人々――研究者を含む――が呪術を信じるようになるプロセス，およびそれに関わる社会背景を描く。

表示価格（税抜）は2012年11月現在